JESSICA CYMERMAN

Ce que les mères n'avouent jamais...

(même sous la torture)

En supplément : les billets les plus drôlissimes (et inavouables !) de Serial Mother ! Rendez-vous en dernière page !

LEDUC.S
EDITIONS

Merci à toutes les mamans pour leurs témoignages !

Sommaire

Les confessions secrètes des mamans

Que ça soit autour d'une table de bistrot, un matin à 8 h 35, en compagnie d'autres mamans de l'école ; autour d'un verre d'apéro avec des copines mamans ; autour d'un poulet le dimanche, avec ma mère ; ou encore sur mon blog et les réseaux sociaux avec des mamans que je ne connais pas, j'ai toujours fait le même constat : OK, on aime nos enfants à la folie furieuse, MAIS parfois, on en a marre !

Marre des nuits blanches, marre des caprices, marre de devoir nous planquer pour manger des gâteaux en cachette, marre des histoires et des chansons du soir, marre de devoir leur faire à dîner des légumes frais, marre de ne plus avoir d'intimité avec notre conjoint, marre de devoir aller aux toilettes avec des mômes accrochés à nos pieds, marre d'avoir leurs pieds dans la tête quand ils dorment avec nous, marre de jouer à être la mère parfaite, marre des devoirs, marre du niveau sonore beaucoup trop fort qui sort de leur bouche, marre du bordel qu'ils foutent dans leurs chambres, marre de devoir tout prévoir, marre de devoir penser à tout, marre d'avoir à parler en anglais pour ne pas qu'ils comprennent, marre de jouer à la marelle et de faire exprès de perdre pour ne pas les heurter, marre de devoir être mince et belle avec 4 mouflets dans les parages et pas de temps pour soi, marre de devoir dire que le poisson rouge est parti retrouver sa famille dans la mer alors qu'en fait, ben il est mort, marre de devoir faire la queue 45 heures à la mairie au mois de juin pour les inscrire à l'atelier peinture sur soie en russe, marre des fringues sales à laver quotidiennement, marre de leurs questions troublantes « est-ce que, Maman, il y a plus de morts que de vivants sur la Terre ? », marre de ne pas pouvoir dire des gros mots devant eux, marre qu'ils se mêlent de tout, tout le temps, marre de leurs angoisses à la noix « si y a plus de chocolat dans le placard, je meurs Maman », marre de devoir regarder Dora et Tchoupi en boucle, marre d'avoir troqué Nina Simone pour Violetta, marre des sorties d'école au musée de la chaussette belge où il faut aller pour être la maman de l'année.

Marre, marre, marre.

Toutes ces confessions politiquement incorrectes, on se les chuchote, au début, comme si on révélait un lourd secret, puis très vite, on se les échange à haute voix sans une once de honte.

Parce qu'on se rend vite compte que nous, les mamans, nous connaissons les mêmes tracas, les mêmes emmerdes, les mêmes questionnements, les mêmes pensées clandestines.

Et qu'il vaut mieux en RIRE !

Alors j'ai eu l'idée de ce recueil de confessions intimes de mamans pour dédramatiser, rigoler, se soulager, se dire que « ah ! en fait, elle aussi elle est/fait comme moi » (et ça, ça fait du BIEN).

J'ai pioché des témoignages de copines, de lectrices de mon blog, de tantes, de mamies, de mamans que je croise ici et là. (Et de Sharon Stone et Victoria Beckham sans qui je ne serais rien.)

Toutes les mamans ont bel et bien des choses à avouer ! Des petits bonheurs, des minuscules tracas, des bonnes astuces, des brefs coups de folie, des épisodes à mourir de rire. La vie de mère quoi !

Place aux confessions presque inavouables de mamans (même sous la torture des chatouilles).

PS : j'avoue, j'avoue, j'avoue que, comme chaque maman, je suis raide dingue de mes trois enfants.

La nuit noire... ou blanche !

Quand il achète un bébé, le parent oublie souvent (la faute au vendeur ?) de prendre l'option « fait ses nuits vite et bien ».

Des réveils nocturnes, des pleurs, des cauchemars, des endormissements difficiles : voilà ce à quoi le parent s'engage.

Il lui faut donc ruser pour contourner l'ennemi qu'est le bébé. Ou prendre son mal en patience.

Témoignages, révélations, astuces.

Je trouve toujours une bonne raison pour que ce soit mon mari qui se lève la nuit

“ *Je suis mère au foyer. C'est moi qui suis disponible 24/24, qui gère toute l'intendance, le ménage, le repassage, les repas, les sorties d'école, les petits bobos, les devoirs, les sorties de crèche, TOUT.*

Régulièrement je suis aussi celle qui se lève la nuit pour un cauchemar, un stress, un pipi au lit. Mais parfois, quand je suis à bout (je suis humaine après tout), je fais le coup de la sourde. Ou le coup de : « J'arrive pas à le calmer, vas-y, avec toi ça marche, moi ça fait plusieurs fois que je me lève, il a envie de te voir, il a dit Papa. » Et ça marche ! **”**

Lisa, maman de Josh, 6 ans, Dina, 4 ans et Milo, 1 an

Je fais la sourde oreille

Chaque matin, quand mes filles m'appellent pour le biberon vers 6 heures, je n'y vais pas. En général elles se rendorment. Ou elles hurlent.

Simone, maman de Louise et Alice, 2 ans

Je m'ennuie pendant le biberon de la nuit

Je me fais royalement chier lorsque la nuit mon nourrisson mange. Il met 4 heures à boire son biberon et j'ai juste envie de dormir. D'ailleurs régulièrement, je m'endors. Alors pour éviter cela je mets la télé hyper-fort. Je crois que c'est pas top pour lui, mais au moins la rediff du Télé achat me tient éveillée !

Joséphine, maman de Louis, 6 mois

Je suis méchante

Quand une amie me dit que son bébé non plus ne fait pas ses nuits, je jubile.

Fabiola, maman de Nina et Ava, 9 mois

J'éteins le babyphone la nuit

Je suis une bonne mère, enfin je crois, enfin il paraît. Mais mon fils de 8 mois se réveille la nuit environ deux fois et pense que 5 h 34 du matin est une heure idéale pour démarrer. Alors j'éteins le babyphone. C'est mal ? Peut-être, mais si je ne dors pas je deviens irritable, très irritable.

Léna, maman de Léo, 8 mois

Je la berce au rap

Pour endormir mon bébé je mets un CD de NTM. Et ça marche. J'avais essayé des trucs plus classiques avant et rien à faire, il hurlait encore plus fort. Là au moins il ne PEUT pas crier plus fort que Joey Starr.

Anne, maman de Louis, 11 mois

Je les couche tard pour espérer une grasse matinée

Souvent le samedi, je laisse mes enfants se coucher tard, très tard, dans l'espoir que le lendemain matin, on puisse avoir un dimanche tranquille. En général ça ne marche pas.

Aurore, maman de Sacha 12 ans, Nathan 6 ans et India 1 an

LAISSE MA ZOOM ZOOM ZEN
DANS TA BENZ BENZ BENZ
Je sais bien que tu n'es pas très fan de NTM, maman... mais c'est LA SEULE musique qui l'endorme...

Je dis non au grand lit pour être tranquille

J'avoue qu'à 2 ans ½ ma fille est toujours dans un lit à barreaux, car je n'ai pas du tout envie qu'elle se relève quatorze fois au moment du coucher ou en plein milieu de la nuit. Avant ses 14 ans, promis j'investis dans un lit de grande !

Mélissa, maman de Mélodie, 2 ans ½

Je ne me lève jamais la nuit

Je laisse toujours mon homme se lever la nuit. Je fais semblant d'être sourde. Je ne suis pas une femme de la night, je n'y peux rien.

Clémence, maman de Gaspard, 3 ans et Bill, 1 an

Je l'ai mise au coin en pleine nuit

Une nuit, ma petite de 2 ans m'a tapé une comédie vers 1 h 30, alors je l'ai mise au coin dans sa chambre en lui disant que je reviendrai quand elle se serait calmée, mais je me suis rendormie dans mon lit. Réveil en sursaut vers 3 h 30... Elle était toujours au coin et m'attendait bien sagement...

Ninon, maman de Julia, 2 ans

Je lui dis de crier le nom de son père la nuit

J'ai appris à mon fils à hurler « Papaaaaaa » au milieu de la nuit en cas de cauchemar. Ainsi, je ne me lève jamais.

Olivia, maman de Joseph, 3 ans

Je promettais de revenir et je ne revenais pas

Ma fille a fait ses nuits vers 3 ans. Il fallait que je lui tienne la main jusqu'à ce qu'elle se rendorme et au bout de 2 minutes, je n'avais qu'une envie, c'était d'aller me recoucher. Quand elle a été en âge de comprendre, c'est-à-dire vers 2 ans, je lui disais : « Maman a envie de faire pipi, elle revient. » Et j'allais me recoucher et ne retournais pas la voir. À force de m'attendre, elle se rendormait.

Nathalie, maman de Flora-Lou, 5 ans

10 FAÇONS DE LES EMPÊCHER DE DORMIR LA NUIT

Si jamais, pour coller à votre réputation de papa/maman marginal(e), vous avez envie que JAMAIS vos enfants ne dorment, suivez ces conseils.

1 *Chauffez la chambre de l'enfant à 35 °C* et emmaillotez-le dans une combi-pilote en laine polaire. Surtout l'été.

2 *Favorisez le non-rituel du soir :* pas d'horaires fixes, pas de berceuses, du bruit, de la clope dans son nez, pas de dîner le soir et jamais de câlins.

3 *Prenez son doudou* et, sans prévenir, coupez-le en 12 morceaux puis vaporisez le parfum de la méchante voisine du dessus.

4 *Faites-lui croire qu'il est tout seul,* que vous sortez et que maintenant c'est lui face à lui-même.

5 *Insistez pour le faire dormir le jour.*

6 *Mettez-lui un mobile en forme de monstre* qui diffuse du hard metal à 234 décibels au-dessus de son lit.

7 *Chaque soir, faites-lui croire que vous l'avez trouvé dans une poubelle* (ou dans un congélateur, c'est bien aussi).

8 *Répétez en boucle* « Je ne t'aime pas, je ne t'aime pas et cette nuit les loups vont venir te dévorer ».

9 *Ne laissez jamais de veilleuse rassurante près de son lit.* Zêtes pas actionnaire chez EDF, non, mais ?

10 *Greffez-lui une télévision* au-dessus de son front.

Petits mensonges sans conséquences

Le parent apprend à son enfant à ne pas mentir. Pas beau. Pas bien. Mais chaque parent qui se respecte sait pertinemment que cela n'est PAS jouable du tout. Du tout.

Mentir fait partie de la vie d'une maman et d'un papa. À la guerre comme à la guerre.

(Et jusqu'ici, ça n'a allongé le nez de personne à part ce petit bonhomme de bois de Pinocchio.)

Je garde mes kilos

Comme je n'ai pas envie de faire de régime, je prétends que je viens d'accoucher aux gens que je ne connais pas bien. Ma fille a 12 ans.

Zoé, maman de Ava, 12 ans

Je change la vérité

Lorsque nous parlons d'amis que nos enfants connaissent bien, nous parlons en anglais, mais depuis que le grand comprend un peu, cela devient compliqué, alors nous changeons les prénoms des protagonistes et les espions en herbe sont bien paumés !

Carole, maman de Camille, 9 ans et William, 8 ans

Je ruse

Comme j'ai gardé le ventre de ma grossesse, je fais semblant d'être enceinte pour doubler au supermarché.

Tessa, maman de David, 8 ans, Benjamin, 6 ans et Sarah, 18 mois

J'ai joué au coiffeur avec ma fille

J'ai coupé les cheveux de ma fille de 18 mois. J'ai raté la coupe et j'ai dit à mon mari qu'elle l'avait fait toute seule. Et comme elle ne parle pas encore...

Nina, maman de Tess, 18 mois

Je simule l'incompréhension

Lorsque ma fille de 2 ans me demande du chocolat en disant « cocholi », je fais semblant de ne pas comprendre. Et je me le garde pour moi.

Delphine, maman de Lou, 2 ans

Je me sers d'eux pour ne pas aller travailler

J'ai posé une matinée au bureau en prétendant accompagner la sortie scolaire alors qu'en réalité j'ai fait une super grasse matinée. JAMAIS je n'aurais accompagné 34 mômes au parc zoologique ! Ça va pas ou quoi ?

Irène, maman de Joseph, 5 ans

Je fais semblant de ne pas être enceinte

« *Je suis un peu ronde et comme je suis enceinte de 4 mois de mon premier enfant, je sens que les gens n'osent pas me demander si je le suis pour ne pas me vexer au cas où, non, je serais juste grosse. Alors je m'amuse avec ceux qui osent. Ils me disent : « Chouette tu es enceinte, je ne savais pas », et moi, grosse perverse que je suis, je réponds : « Ah ben non, je ne suis pas enceinte. » Ça jette un froid que je laisse durer quelques secondes avant de lancer un « je décoooooonne, je suis enceinte ! ».* »

Leslie, future maman

J'ai dit que le Nutella c'était du caca

« *Je suis addict au Nutella, ça remonte à l'enfance. Alors la première fois que mon fils de 2 ans m'a vue en manger et qu'il a dit « ze veux, ze veux », j'ai juste répondu « non poussin, c'est du caca ». C'est MON pot. Maintenant il croit que sa maman mange du caca et m'appelle régulièrement lorsqu'il a fait sur son pot en me disant « tiens maman, ze t'ai gardé mon caca, tu vas le manger ». Je suis faite.* »

Louane, maman de Rafaël, 2 ans

Je feinte

Mon fils de 19 mois adore prendre la télécommande, sans doute pour nous imiter. Le problème c'est qu'il touche à tous les boutons et nous met des chaînes improbables. Alors je lui ai acheté la même télécommande, sans piles. Il croit toujours qu'il zappe et pense être le roi du monde.

Alexandra, maman de Roman, 15 mois

Je lui dis que je suis immortelle

Quand mon fils me demande si je vais mourir un jour, je réponds : « Jamais. » Une maman c'est immortel, non ?

Antonella, maman de Théodore, 3 ans

Je change l'heure des pendules

Au Nouvel An on avance les pendules de 2 heures pour que les enfants croient qu'ils l'ont fait, qu'ils ont célébré le passage à l'année suivante. Puis on les couche, on se frotte les mains et on fait la vraie fête sans eux !

Lara, maman de Lili, 7 ans et Rose, 5 ans

Je n'aime pas les mères parfaites

Je connais une femme qui est belle, mince, a un job d'enfer, un mari génial, 5 enfants merveilleux, le sourire, la joie de vivre. Je la hais. Alors pour me venger, je lui ai filé mes 2 filles à dormir. J'avais juste « oublié » de lui dire qu'elles se réveillaient l'une et l'autre cinq fois par nuit.

Julia, maman de Léa, 5 ans et Annabelle, 3 ans

Je prétends qu'il n'est pas mon fils

Quand mon fils fait une crise de nerfs au supermarché, je m'exclame, pour sauver mon honneur : « Quel gosse insupportable, heureusement que je ne suis que la baby-sitter. »

Uma, maman de Noam, 4 ans

Je pactise avec chacun d'entre eux

J'ai dit à mon fils que je l'aimais plus que sa sœur. J'ai dit à ma fille que je l'aimais plus que son frère. Un point partout.

Charlène, maman de Louisa, 6 ans et David, 4 ans

Non mon chéri, c'est ELLE qui s'est coupé les cheveux toute seule, promis !
!!
?

Je ne l'ai pas cru

Mon fils est rentré de l'école en me disant que Pluton n'était plus une planète. Je lui ai rétorqué qu'il racontait des bêtises. Il a été super-vexé. Le soir, j'ai regardé sur Google. Il avait raison. Et comme je suis fière, je ne lui ai pas dit !

Jeanne, maman de Jules, 5 ans

Je sèche des soirées grâce à eux

Pour ne pas aller à des soirées qui m'embêtent chez des « amis » qui sont chiants, je dis souvent que mes gosses sont malades. Alors qu'ils sont en pleine forme.

Davina, maman de Fabio, 12 ans et Ruben, 3 ans

Je lui dis qu'elle sera adulte vers... 25 ans

Je suis une maman poule et hyper-protectrice avec ma fille de 6 ans qui a déjà un sacré caractère. Je crains déjà le moment où elle sera grande, où elle vivra sa vie, où elle aura un amoureux. Alors, quand elle demande « c'est à quel âge que je serai adulte ? », je réponds avec un air assuré « 25 ans ». Elle y croit. C'est un petit mensonge, ma façon de la garder petite.

Maud, maman d'Elsa, 7 ans

Je fais croire que j'ai fait à manger

« *Que les choses soient claires : je n'ai pas le temps. Je cours, je jongle entre les gosses, le boulot, mon mari, ma vie, mes parents... Il faut bien lâcher sur quelque chose et moi j'ai lâché sur la nourriture. Les plats en sauce, les purées cuites vapeur avec des légumes bio et les mousses au chocolat faites maison, ce n'est pas mon truc. Je donne régulièrement des petits pots ou des surgelés à mes enfants et je fais croire à tout le monde que « c'est moi qui l'ai fait » ! Ils adorent, se régalent, finissent leurs assiettes. Le pire c'est quand enfin je prends le temps de cuisiner moi-même, curieusement ils trouvent ça moins bon...* »

Samantha, maman de Paola, 12 ans, Nathan, 6 ans et Ruben, 4 ans

Je les ai abandonnées sur la route

Je leur ai dit que j'allais les abandonner sur l'autoroute si elles n'arrêtaient pas tout de suite de se disputer ! J'ai ralenti, je me suis mise sur le bas-côté, j'ai arrêté le moteur, je suis sortie de la voiture en faisant mine de vraiment le faire. Elles m'ont tant suppliée et promis d'être sages que j'ai dit d'un air détaché : « OK les filles, vous me faites pitié. La prochaine fois, je le fais. » Et puis le calme a régné dans la voiture.

Julie, maman de Maud, 7 ans et Julia, 3 ans

Je suis toujours en retard le matin pour l'école

J'ai un problème de réveil et nous avons systématiquement 10 minutes de retard chaque matin. La porte est fermée à chaque fois et je dois inventer des mensonges atroces pour que mes enfants soient acceptés. Une fois mon chien est mort dans la nuit, une autre fois une inondation est survenue à 6 h 30 du matin, une autre fois l'ascenseur était en panne, une autre fois encore je me suis coupé le petit doigt... Je commence à être à court de mensonges !

Marlène, maman d'Alma, 5 ans et Julia, 4 ans

Je mange ses chocolats

À Pâques, j'ai mangé la poule en chocolat de ma grande fille. Le lendemain matin elle me demande où est sa poule. Et moi, sans me dégonfler, j'ai répondu l'air assuré : « Elle a fondu j'ai dû la mettre à la poubelle. » Ce jour-là il faisait 8 °C, mais elle m'a crue.

Laetitia, maman de Fabiola, 8 ans

Je dis qu'il y a de l'alcool dans les desserts

Quand je nous achète des petits desserts vendus par deux, pour leur père et moi, et que les enfants en veulent, je dis qu'il y a de l'alcool dedans. Ce sont NOS desserts ! Qu'ils mangent leurs petits-suisses quoi !

Andréa, maman de Ludivine, 9 ans, Louis, 7 ans et Lucas, 3 ans

Je leur apprends à mentir

J'ai appris à mes enfants à mentir sur leur âge afin de payer moins cher au parc d'attractions.

Élodie, maman de Sacha, 8 ans et Romane, 6 ans

J'ai dégonflé ses ballons

“ *Mon fils de 3 ans est fan de ballons gonflables et a reçu en cadeau d'anniversaire un kit pour gonfler des ballons et les « sculpter » en épée, caniche et autre serpent. En un week-end il a bien dû vouloir gonfler et jouer avec 20 ballons et voulait même dormir avec ses chefs-d'œuvre !*

Deux nuits plus tard, j'ai craqué je n'en pouvais plus d'avoir des ballons partout tout le temps non-stop, j'ai pris une paire de ciseaux et j'ai tout dégonflé discrètement pendant qu'il dormait et laissé les « cadavres » dans le lit... Le matin, quand il a voulu jouer avec, je lui ai dit que c'était à cause de la chaleur et des moustiques qu'ils étaient tous dégonflés. Je pense que c'est le pire mensonge que je lui ai servi pour me débarrasser de sa montagne de ballons. **”**

Sara, maman d'Andréa, 3 ans

Je les laisse s'accuser entre eux

Longtemps j'ai louché sur les calendriers de l'Avent de mes 3 gamins puis j'ai fini par craquer et leur en ai bouffé « quelques-uns ». Le lendemain, je les ai laissés s'accuser les uns les autres.

Carole, maman de Camille, 13 ans, Mathis, 8 ans et Tidiane, 5 ans

Ma méthode anti-télé

Quand je ne veux pas qu'ils regardent la télé et pas non plus envie de lutter, je la débranche et je dis qu'elle est en panne. Ensuite une fois endormis, je rebranche et je regarde mes émissions tranquillement !

Romy, maman d'Inès, 7 ans et Paul, 4 ans

Je ne leur donne pas leurs cadeaux, je me les garde

Ma voisine me donne régulièrement des bonbons pour eux. C'est pas de ma faute si je les mange tous avant d'arriver à la maison ! Du coup ma voisine les prend pour des enfants malpolis qui ne disent jamais merci.

Juliette, maman de Benjamin, 6 ans et Ninon, 4 ans

Je les fais pleurer sur commande

« *Une fois (ou deux, ou trois...), j'ai eu envie de sécher le boulot et évidemment j'ai mis tout sur le dos des gosses en prétendant qu'ils étaient malades. Je les ai préparés : bonnets, chaussures, manteaux et j'ai attendu qu'ils aient trop chaud, j'ai attendu qu'ils râlent, j'ai attendu qu'ils se mettent à brailler et à pleurer... et là, j'ai sorti mon téléphone et appelé mon boss en me confondant en excuses : « Les enfants sont malades, vous les entendez pleurer ? Oui les 3 ! Je ne sais pas, sans doute un virus... Le petit a plus de 40 ! Bon je vous laisse, ils pleurent. Je fais TOUT pour être là demain. Merci. »*

Puis embrasser ses loulous, leur donner un bonbon pour se faire pardonner dès 8 heures du mat, les déposer chez la nounou et à l'école puis rentrer chez soi pour se recoucher, glander toute la journée sur le canapé. »

Stéphanie, maman de Juliette, 6 ans et Nina, 3 ans

J'ai laissé les formes dans les chaussures pour ne pas les lui acheter

« *Ma fille de 4 ans est fan de Dora, moi pas. Mais alors pas du tout. Lorsqu'il a fallu lui acheter une nouvelle paire de chaussures, elle a flashé sur des bottes Dora. Je lui explique que non, on va trouver autre chose. Mais elle fait un caprice en se roulant par terre et en hurlant « Si ! Si ! Si ! ».*

Tout à coup j'ai une idée : et si je laissais dans le bout des chaussures les morceaux de papier de soie ? Ainsi elle essaiera les bottes et celles-ci ne lui iront pas. Hé hé !

Et ça marche ! Alléluia !

Je lui dis : « Tu vois, elles ne te vont pas, on va prendre les autres... » Et nous sommes reparties avec des chaussures normales, sans l'affreuse Dora dessus. »

Joanne, maman de Luisa, 4 ans

J'ai mis ma fille avec sa varicelle à la crèche

Évidemment, quand un enfant a la varicelle, il est interdit de crèche pour ne pas contaminer les autres. J'ai prétendu qu'il avait une allergie à une nouvelle lessive pour l'y mettre quand même parce que je n'avais pas d'autre mode de garde. Une semaine plus tard, tous les gosses avaient la varicelle.

Joséphine, maman de Lila, 2 ans

Je lui ai fait faire l'école buissonnière

Un matin, j'ai décidé de ne pas aller travailler et de passer une journée en tête à tête avec mon grand de 9 ans (j'ai 4 enfants). Mon mari a déposé les autres à l'école et j'ai juste dit à mon fils : « Pas d'école pour toi aujourd'hui ! » Nous sommes allés nous balader, faire du shopping, au cinéma, manger des glaces. Plaisir coupable et divin ! Et puis c'est notre secret à nous !

Justine, maman de Charles, 9 ans, Noé, 8 ans, Hugo, 4 ans et Naomi 2 ans

Je prétends cuisiner pour eux

Je passe mes journées à faire des gâteaux pour mes 3 enfants. C'est ma passion. Je dis à tout le monde que c'est pour eux alors qu'ils n'aiment pas mes gâteaux. En fait je cuisine ça pour moi ! Et je grossis ! Mais Dieu que c'est bon !

Joanna, maman de Quentin, 9 ans, Louis, 7 ans et Romain, 2 ans

J'ai fait semblant de rien

Sans faire exprès j'ai fait un méga croche-pattes à mon bébé qui savait tout juste marcher. Il s'est mangé un fauteuil... et bien sûr il a pleuré !

J'ai fait semblant que je n'avais rien à voir là-dedans avec des phrases comme « Oh mon pauvre, t'es tombé... ! » ou « Méchant fauteuil qui a fait mal à mon bébé » ou encore « Comme tu es maladroit mon chat ». Pas de bol, mon mari a tout vu et je passe vraiment pour une super-mauvaise mère !

Céline, maman de Lilian, 4 ans et Matteo, 15 mois

10 MOMENTS OÙ IL FAUT LEUR MENTIR (NÉCESSITÉ ABSOLUUUUUE)

Non, c'est pas bien de mentir et c'est ce qu'il faut apprendre à nos enfants, mais parfois... pas le choix. Question de survie.

1 *Quand il reste un seul cookie au chocolat* et que Junior en veut un, oser lui dire : « Ah ben il n'y en a plus poussin ! » pour le manger en cachette ensuite.

2 *Quand on n'a pas du tout envie d'aller voir le dernier dessin animé* en vogue au cinéma : « Non, mais en fait, il ne se joue pas dans notre ville. Oui je sais, c'est moche. »

3 *Quand il fait froid et qu'on couvre Junior* et qu'il a l'air ridicule avec ses gants rouges, son écharpe verte et sa cagoule violette : « Non, mais enfin, chéri, je te jure, t'es au top. »

4 *Quand on n'aime pas la copine de notre fille* qui parle trop : « Ah, mais siiiiiii, je l'adore, elle est vraiment mignonne, hein. »

5 *Quand on ne se souvient plus du tout à quel âge notre enfant a parlé* et qu'il nous demande : « Maman, à quel âge j'ai parlé ? » Juste dire : « Euh... ben je me souviens exactement de ce jour-là, c'était le 30 février, tu avais 2 ans. »

6 *Quand, à la plage, Junior veut une glace,* mais que nous, on préfère qu'il mange une pomme : « Ah ben j'ai plus de sous... dommage ! »

7 *Quand il nous demande si on sait où est situé le Mozambique* sur une carte : « Oui, évidemment je le sais et je te montrerai à la maison. »

8 *Quand il veut savoir si on trouve que Mamie* (notre belle-mère) est sympa et belle : « Évidemment, sinon elle n'aurait pas fabriqué ton papa ! »

9 *Quand il veut savoir si on a déjà bu trois coupes de champagne* dans la même soirée : « Non, mais non. Enfin quoi je suis ta mère ! »

10 *Quand il a envie de connaître les circonstances de sa fabrication :* « Un chou, une rose, une cigogne. »

C'était mieux avant, non ?

En devenant parents, le papa et la maman vont ajouter, à leur répertoire de bons mots, cette phrase : « Ahhhh comme c'était mieux avant. » Avant quoi ? Mais avant les marmots, bien sûr ! Avant ils avaient plus de temps, plus de sommeil, plus de coolitude. Mais moins d'amour, hein.

Je regrette le temps où je pouvais passer une heure aux toilettes

« *Avant d'avoir des enfants, je restais longtemps, très longtemps aux toilettes avec un livre/un magazine. C'était mon moment de détente absolu. Depuis que je suis maman, j'ai toujours un gosse sur les genoux, un autre accroché à la poignée, ou à mon pantalon. Même aux toilettes, quoi !* »

Joanne, maman de Julia, 3 ans et Lou, 1 an

Je veux une vie sans gosses

Je rêve d'être célibataire, sans enfants et de vivre dans une grotte pour être tranquille !

Déborah, maman de Lucas, 6 ans et Mathis, 1 an

Je pense à divorcer pour les avoir moins

Alors que notre couple va très bien, j'ai déjà pensé à me séparer du papa pour faire la garde alternée et pouvoir dormir 1 semaine sur 2 !

Laetitia, maman de Jonas, 3 ans et Achille, 18 mois

Je rêve d'une vie sans eux

Je fantasme souvent que je reviens en arrière et que le test de grossesse est négatif, que je n'ai pas d'horaires, de responsabilités, de nuits écourtées, de vomi à éponger à 3 heures du matin. Mais sinon c'est QUE du bonheur, hein.

Émeline, maman de Tom, 4 ans et Luna, 20 mois

10 IDÉES POUR NE PAS S'OCCUPER DE SES ENFANTS LE SAMEDI SOIR

1 *Les faire dormir chez Mamie/Papy.*

2 *Les mettre devant Fort Boyard* pour qu'ils se prennent la tête avec la Père Fourras, le seul homme qui a 90 ans depuis 30 ans.

3 *Leur donner 1 kilo de bonbons*, un DVD, la PlayStation et l'autorisation de minuit.

4 *Les mettre au lit à 18 h 30* en ayant bien pris soin d'avancer les pendules avant.

5 *Leur dire que ce soir, c'est la fin du monde*, qu'il faut se taire pour ne pas déranger les Aliens qui pourraient mal le pendre.

6 *Les oublier au ciné.*

7 *Leur donner un coup de gourdin* sur la tête pour les anéantir.

8 *Les faire lire et appendre tout le dico.*

9 *Les laisser se débrouiller* entre eux.

10 *Leur filer 2 €* et leur dire : « Passez une bonne soirée. »

C'est possible d'avoir un peu de calme, là ?

Avoir des enfants, c'est augmenter le niveau sonore environnant de + 100 000 000 de décibels. Un enfant, oui, ça fait du bruit, ça ne sait pas chuchoter, ça hurle pour demander un bonbon ou du papier-toilette, ça crie pour un oui ou pour un non (surtout pour un non). Bref, un gosse ça donnerait presque envie de devenir sourd.

Je les hais en voiture

« *Un long trajet avec mes 3 mouflets ce n'est pas gérable. Ils demandent toutes les 2 minutes quand est-ce qu'on arrive, ont envie de faire pipi chaque demi-heure, se chamaillent, hurlent, parlent sans cesse. Alors, et Dieu sait si j'étais contre, dès que nous avons plus de 30 minutes de trajet, je leur file un lecteur DVD à chacun. À moi la paix.* »

Vanessa, maman de Laurent, 8 ans,
Daphné, 4 ans et Lou, 2 ans

Je bénis le temps où je n'avais pas de marmots

Parfois, je réveille mon mari la nuit lorsque les enfants dorment, juste pour lui dire : « Écoute le silence, c'est comme dans notre vie d'avant, tu sais celle où nous n'avions pas d'enfants envahisseurs de domicile. » Nous écoutons le silence, nous nous sourions et nous apprécions.

Anne, maman de Thaïs, 5 ans, Malo, 3 ans et Jack, 18 mois

J'ai joué au roi du silence

J'ai deux enfants, un garçon de 4 ans et une fille de bientôt 8 mois. Un soir, je rentrais de chez une copine un peu tard avec les enfants qui forcément étaient fatigués, et donc pleuraient... Arrivée à la maison, la tête en vrac à cause des cris et des pleurs, je sors de la voiture, ferme ma portière et là... le silence ! J'ai laissé les portes fermées, les enfants râleurs et j'ai écouté le silence pendant... 2 minutes.

Émilie, maman d'Erdem, 4 ans et Eliz, 8 mois

J'achète son silence

À 6 mois, mon fils hurlait sans cesse. Le seul truc qui le calmait : la machine à laver. Alors, pour avoir un peu de tranquillité, je le mettais dans sa chaise haute devant la machine. Quel calme !

Kathya, maman de Lenny, 18 mois

Je me suis lâchée

Un jour où j'étais vraiment à bout et que mes enfants se disputaient comme des chiffonniers, j'ai fini par hurler : « Fermez vos gueules maintenant les abrutis, je n'en peux plus, vous me fatiguez, je vous hais. » C'était assez libérateur et ça a eu l'effet escompté, car ils étaient super-choqués. Le pire ? Ma voisine m'a entendue...

Marie, maman de Mila-Rose, 6 ans et Ruben, 3 ans

J'enlève les piles

Quand j'en ai ras le bol du jouet qui fait un vacarme d'enfer, j'enlève discrètement les piles, je dis, l'air désabusé : « J'en rachèterai demain chouchou. » Et j'ai la paix !

Élodie, maman de Gaspard, 5 ans

Alors mon petit coco,
tu es content ?
Coton 60°, ton programme préféré !
VRRRRR

J'aime les toilettes, mon refuge

Le seul endroit où je peux être tranquille sans mes 5 enfants, ce sont les chiottes. J'y passe de longs moments du coup.

Léna, maman de Gabriel, 12 ans, Liam, 10 ans, Lenny, 8 ans, Justine, 4 ans et Marie, 2 ans

Je n'aime pas l'heure du bain

Non, l'heure du bain, depuis que j'ai des enfants, ce n'est plus « relaxant », ni « cool », ni « le moment privilégié de la journée ». Donner le bain à 2 enfants c'est chiant, fatigant, bordélique et bruyant. Voilà, c'est dit.

Élodie, maman de Louna, 5 ans et Charles, 3 ans

Je mets des boules Quiès

Pour ne pas les entendre quand elles jouent (enfin quand elles se chamaillent), je mets des boules Quiès. Elles peuvent bien hurler, se bagarrer, s'insulter. Moi je n'entends rien. Yeah.

Myriam, maman de Vanessa, 10 ans et Rose, 7 ans

COMMENT VENDRE SES ENFANTS ?

Un jour il faut s'y résoudre, on aura envie de se débarrasser d'eux. Et si on les vendait ?

J'ai déjà essayé de vendre mes enfants sur des sites Internet. J'avais mis une annonce accrocheuse : « Vends enfants cause ras-le-bol. Bien élevés (enfin presque), se levant tôt, aimant les pâtes et étant vaccinés. Lot de trois pouvant être scindé. »

Je ne sais pas pourquoi, mais je n'ai pas eu de réponse.

Même pas la police (mais que fiche la police, on se le demande, hein).

Et si je fais un petit geste commercial, peut-être qu'on m'achètera mes enfants ? Et si je tentais l'expérience pendant les soldes, car à vrai dire en période de soldes, je ne reprends ni n'échange la marchandise.

Quant au SAV c'est pareil, pas de SAV des gosses en période de soldes.

Et puis si on me prend les trois, j'offre le chien avec. Bon deal ?

La vie de couple, c'est sacré

Au commencement il y avait un homme et une femme amoureux. Puis ils eurent l'idée folle, inconsciente et dingue de se reproduire. Puis il y eut un bébé, puis un autre, encore un autre.

Du couple descendit une tribu.

Et une tribu c'est pas toujours compatible avec une vie de couple.

On ment pour faire l'amour tranquilles

Quand on a une envie de sexe à une heure où les enfants sont réveillés, je leur dis sur un ton très sérieux et grave : « Papa et moi devons parler. C'est très important. S'il y en a un qui nous dérange, il sera puni. » Ça marche !

Joe, maman de Louis, 5 ans et Mila, 3 ans

Je la fais garder même quand je n'ai pas besoin

Quand ma fille est super-énervante (il y a des périodes comme ça), je prétexte beaucoup de travail pour que la baby-sitter la garde plus longtemps et je vais boire l'apéro avec mon homme ! Je paye plus cher de baby-sitter, mais certains jours ça vaut le coup pour mon couple !

Joséphine, maman de Julia, 4 ans

Maman et moi devons parler et c'est TRÈS important.
Ne nous dérangez sous AUCUN prétexte !

Je pousse ma fille à se faire inviter à dormir chez une copine ou chez Mamie

« Quand on a envie d'une soirée tranquille, on suggère dès la veille à notre fille de 8 ans de se faire inviter à dormir chez une copine d'école. Elle sait y faire et en général elle arrive à s'incruster chez l'une d'entre elles.

Et si ça ne marche pas, il y a l'option Mamie : elle passe un appel à sa mamie pour « prendre de ses nouvelles » et ajoute qu'elle adorerait dormir chez elle pour passer du bon temps. La mamie craque et accepte.

Pendant ce temps, nous autres, les parents indignes, en profitons pour aller au cinéma, dormir, faire l'amour, la grasse matinée.

Et, bien sûr, nous ne rendons JAMAIS les invitations aux copines. »

Candice, maman d'Anna, 8 ans

COMMENT ÊTRE UNE MÈRE PARFAITE (OU L'INVERSE) (TÉMOIGNAGE)

Décider de devenir maman de nos jours se révèle plus compliqué que de devenir Président. Quand tu es Président, tu es admiré et aidé, tu rencontres les grands de ce monde, les gens te serrent la main, un gentil monsieur t'écrit tes discours, une gentille dame te coache pour que tu deviennes sportif et souriant, tu te déplaces en voiture privée, tu n'as pas de loyer à payer, une équipe ramasse tes miettes et tes bourdes. Bref, Président c'est cool.

Tandis que maman... c'est dur. Mais ne t'en fais pas, tu vas y arriver et même si tu ne claques pas la bise à Barak et Angela, tu pourrais bien obtenir les bisous de tes enfants en fin de compte.

Pour être une bonne mère :

1 *Il faut sourire.* Toujours. Ton grand te balance que tu as des grosses fesses et ton petit sa purée à la carotte en plein sur le top Zara en soie blanche que tu viens d'acheter : reste zen et souris.

2 *Il faut avoir des solutions à tout.* Une couche à changer au milieu d'un grand magasin la veille de Noël ? Pas de problème, tu connais la technique de « Jefaissemblantde fairedescâlinsàmonbébéalorsquejeluichangelacouchequi-puel'airderien ». Une baby-sitter qui te plante 5 minutes avant l'heure dite ? Pas de problème, tu as mille solutions en stock.

3 *Être prévoyante.* 154 bouteilles de lait en permanence dans ta cuisine. Si elle est trop petite, t'inquiète pas, une bouteille de lait ça fait toujours un beau presse-livre.

4 *Ne pas s'énerver.* Jamais. Si tu as envie de crier après ton gamin qui vient de dessiner des cœurs en forme de rond sur les murs de ton salon, rappelle-toi qu'il y a des gens qui n'en ont pas. De cœur, pas de salon.

5 *Déléguer.* Si tu n'as pas de mâle dans un périmètre proche, trouve une amie (ou une ennemie, on fait ce qu'on peut) et donne-lui ton enfant de force. Si elle refuse, menace-la.

6 *S'accorder du temps pour soi.* Tu me diras que c'est facile de dire ça et que toi, ton premier geste du matin n'est pas de boire un jus de citron dans une position yoga-zen (contrairement à Angelina Jolie), mais bien de faire les biberons de tes enfants à la chaîne. Essaie un matin de ne pas te lever. Les enfants se débrouilleront bien tout seuls. Au pire ça finira en pugilat.

7 *Accepter de changer d'avis.* Avant d'avoir des enfants, tu les rêvais polis et intelligents. Ils seront un peu moins polis et intelligents que prévu, mais bon, quoi, y a que les idiots qui changent pas d'avis. Et puis franchement, à quoi ça sert d'être poli ?

8 *Accepte l'échec.* Ton bébé ne fait pas ses nuits à 14 ans ? Pas grave. Il ne sait pas lire à 9 ans ? Pas grave. Il ne mange que des pâtes et du riz ? Pas grave.

9 *Apprends par cœur les mots clés suivants* (ils te seront utiles) : Dora, « Si tu perds t'auras un gage alors dégage », Hello Kitty, iPad, iPhone, doudou, toupies Beyblade.

10 *Ne regarde jamais ce que font les autres mères.* Tu ne sais pas « pour de vrai » ce qui se passe chez elles. Pars du principe qu'elles mentent et que chez toi, c'est mieux.

Pour être une mauvaise mère, on fait donc TOUT le contraire.

Je me moque un peu (beaucoup) d'eux

Rire d'eux, se moquer, les charrier, se foutre d'eux : tout parent qui se respecte a le droit (le devoir même) d'avoir du second degré et de rire de ses enfants. Pas par méchanceté (non, non, non), mais par amour bien sûr. Bien sûr.

Je ris quand il a peur

Mon bébé, à 12 mois, avait une peur bleue des poupées. Et moi, ça me faisait rire de le voir totalement effrayé face à un poupon en plastique.

Zoé, maman de Léo, 15 mois

Je les effraie

Je fais croire à mes enfants que le squelette qui est dans la salle de sciences de leur école est celui d'un ancien élève qui n'était pas sage et qu'on a laissé s'affamer.

Corinne, maman de Maxime et Thomas, 7 ans et Charlotte, 5 ans

Je l'ai laissée croire à l'histoire de la petite graine...

Jusqu'à 14 ans, ma fille a sincèrement cru que les bébés étaient le fruit d'une graine que la femme avalait par la bouche. Je sais c'est idiot, mais je ne voulais pas qu'elle sache. Du coup, elle est passée pour une grosse crétine auprès de ses amies.

Marlène, maman de Margot, 15 ans

Je me fous d'elle

Je dis à ma fille qu'elle chante bien, qu'elle devrait chanter plus souvent en public. Tout cela est faux et je me régale de la voir se ridiculiser.

Élodie, maman de Lou-Anne, 8 ans

Je me moque de lui

De temps en temps je m'approche de mon fils de 3 ans et je dis : « Machakalé kassou goutilu froukina », ou un truc qui ne veut absolument rien dire dans ce genre-là. Le petit me demande de répéter. Je réitère. Il s'énerve, dit qu'il ne comprend rien, devient presque fou. Et moi, je ris.

Juliette, maman de Quentin, 3 ans

Je le mets à l'épreuve

Je fais croire à mon fils qu'il n'est pas normal puisqu'il est incapable de se lécher le coude. En réalité ce geste est impossible.

Jessica, maman de Jules, 8 ans

Je dis que je ne suis pas moi

" *Parfois il me dit : « Maman ? » Je ne réponds pas. Il répète : « Maman ? » Je ne réponds pas non plus. Au troisième « Maman ? », je dis : « Tu cherches ta maman visiblement. Je ne sais pas où elle est, moi ! » Il rebondit : « Arrête, c'est toi ma mère. » Ce à quoi je réponds : « Moi, ta mère ? Si j'avais des enfants je le saurais. Non, désolée, je ne suis pas celle que tu cherches, je ne suis pas ta mère. » Il me demande pourquoi je suis là alors, je lui réponds que c'est plutôt à moi de lui poser cette question, car moi, je suis chez moi. Puis il pleure et moi je ris.* "

Romane, maman de Victor, 5 ans

Je leur dis que je suis une Alien

Je prétends que leur père et moi sommes des Aliens venus d'une autre planète et qu'un jour nous serons obligés de les manger. Ils y croient et pleurent à chaque fois. Et nous rions.

Fabienne, maman de Fredo, 6 ans et Salomé, 3 ans

Je la fais marcher

Parfois je regarde ma fille de 12 ans et je lui dis : « On a bien ri pendant 12 ans, mais tout a une fin, ta vraie mère vient te récupérer ce soir. »

Élinor, maman de Charly, 12 ans

Je dis que le chien est leur frère

« Mais enfin tu vois bien cette ressemblance entre vous deux ? C'est pourtant évident ! Il pète comme toi, il est paresseux comme toi, il dort dans notre lit comme toi parfois. Tu ne peux pas nier l'évidence poussin, Médor est bel et bien ton frère. » Forcément je sème le trouble.

Jessica, maman de Jules, 9 ans, Elsa, 7 ans et Roman, 1 an

Je me cache

Avec la complicité du papa pour faire une grasse matinée, je me cache régulièrement sous la couette et le papa lui dit que je suis partie travailler. Il paraît qu'il regarde cette grosse masse informe sous la couette d'un air curieux et suspicieux, mais pour le moment, ça marche !

Nathalie, maman de Thomas, 4 ans

Ne pas avouer où est le lapin

Nous avons dit à notre petite de 6 ans que son lapin était parti retrouver sa copine alors que mon mari l'a achevé, car il était sorti de son enclos où le chien (un doberman) l'attendait pour le dépoiler.

Aurélie, maman de Capucine, 11 ans et Léana, 9 ans

C'est pas moi, c'est lui

J'ai des flatulences. Et j'accuse toujours mon fils de 18 mois d'être le responsable des mauvaises odeurs et (parfois) des bruits émis ! J'appréhende jour où il parlera. J'accuserai le chien !

Inès, maman de Nicolas, 18 mois

Eh non mon poussin,
maman n'est pas là,
comme tu peux le voir.
Allez, retourne plutôt
dans ta chambre !
?!

Je le photographie en situation ridicule

Mon aîné avait un peu moins de 2 ans quand il est tombé les fesses dans la gamelle de ma chienne (gamelle de 6 litres). Il pleurait, car l'eau était froide. Et moi je suis allée chercher l'appareil photo pour immortaliser ce drôle de moment.

Élisa, maman de Tim, 2 ans

Je lui file du citron

Mon bébé de 12 mois fait une tête tellement drôle lorsque je lui donne du citron que je lui en donne un peu pour me moquer de lui. Juste me moquer de lui. Et rire.

Delphine, maman de Chiara, 1 an

Pour le mettre au lit je lui fais peur

J'ai remarqué que mon fils de 3 ans avait peur de la chouette qui hulule. J'use donc de ce stratagème le soir pour qu'il se mette enfin au lit. Merci YouTube !

Aurore, maman de Théophile, 3 ans et Lucie, 23 mois

Je me suis vengée

« *Une nuit vers 4 heures du matin, notre fils de 10 ans se met à hurler. Aussitôt nous nous levons, paniqués à l'idée qu'il soit tombé, qu'il soit malade ou pire encore. Monsieur avait juste soif. À 10 ans, il aurait pu lever son derrière et aller se chercher à boire, non ?*

La vengeance étant un plat qui se mange froid, peu de temps après, rentrant tard de chez une mamie, il s'était endormi dans la voiture. Avec son père nous n'avons eu qu'à nous regarder pour nous mettre à crier en cœur son prénom. Il s'est réveillé en panique et s'est mis à pleurer. Et nous avons eu un fou rire. Conclusion : il ne nous a jamais plus réveillés de telle façon. »

Nadia, maman de Zion, 9 ans

Je dis à mon fils qu'il a été adopté

« Mais enfin chéri, tu vois bien que tu ne ressembles ni à Papa ni à Maman. » Il se regarde dans le miroir, me regarde et se dit que oui, c'est possible. Puis j'avoue que non, il est bien de nous.

Laurène, maman de Julien, 5 ans

Je lui fais peur

Nous sommes revenus d'un parc d'attractions dans lequel nous avons testé le train fantôme qui fait très peur à notre fille de 3 ans. Les quatre nuits suivantes, elle s'est levée vers minuit, affolée. Alors pour qu'elle retourne illico au lit sans s'incruster dans le nôtre, on a trouvé des petits sons qui font peur sur Internet (cris de loup, de sorcière). Elle ne bouge plus de son lit. C'est mal.

Louise, maman d'Amy, 3 ans

J'adore raconter des gros mensonges à mes enfants

Pour rire, je raconte régulièrement n'importe quoi à mes enfants. C'est tellement énorme que ça me fait marrer. Dernièrement je leur ai fait croire qu'avant d'être leur mère, j'étais un héros de dessin animé ou encore que le chien est leur frère, mais que bon, il est un peu raté. Ils sont si naïfs qu'ils y croient. Une fois je leur ai dit qu'il ne fallait répéter à personne que la nuit, je me transformais en tomate. Le pire ? Ils y croient.

Noa, maman de Joseph, 6 ans et Dina, 4 ans

J'ai roulé mon fils dans le sable

À chaque fois que mon fils de 3 ans sort de l'eau à la plage, il se plaint qu'il y a du sable partout, que ça le gratte, que je dois lui enlever grain par grain et du coup ça me saoule ! Une fois, je l'ai pris et je l'ai roulé comme un sushi dans le sable ! Il en avait partout ! Les gens sont restés bouche bée. Mais ça a marché, il n'a plus jamais osé se plaindre du sable.

Stéphanie, maman de Gabriel, 3 ans

Ma fille est maladroite comme moi et ça me fait rire

Je suis super maladroite, super tête en l'air. Je me prends régulièrement des portes vitrées, j'oublie mes lunettes ici et là, je fais des gaffes. Je suis Pierre Richard. Ma fille de 7 ans est exactement comme moi. L'autre jour elle s'est pris une porte vitrée et au lieu de m'affoler, je n'ai pu réprimer un fou rire. Cette petite est bien la mienne ! Aucun doute.

Joanna, maman d'Anna, 7 ans

Je le prends en photo pour me moquer

Lorsque mes enfants s'endorment la bouche ouverte, la bave coulante au coin des lèvres et l'air idiot, je me fais un malin plaisir à les prendre en photo. J'ai même créé un album spécial « mes enfants, ces êtres ridicules (de temps en temps) ». Et comme j'ai 3 enfants... on a déjà 3 tomes de ce chef-d'œuvre ! Promis, le jour de leur mariage, je balance tout.

Karine, maman de Alice, 6 ans, Raphaël, 4 ans et Dan, 3 ans

Je lui parle en langage des années 1990

Pour rire avec mon mec, on parle à notre fils de 12 ans avec des mots de notre jeunesse à nous : « Chéri, tu mets une petite Bétamax steup, et sois mignon donne-moi un Raider. Ben, un Raider, quoi ! Ce soir je regarderai sur le Minitel si on trouve l'adresse où acheter du Banga. » Ça l'énerve, mais ça nous fait bien rire.

Alexandra, maman de Jules, 12 ans

Je lui donne des surnoms terribles en public

À 2 ans ça passait tout juste lorsque je l'appelais « Chameau des îles poilues ». Mais maintenant qu'il a 14 ans et que je l'appelle comme ça devant tout le monde, il a envie de me tuer. Ça m'est égal, c'est MON fils, MON bébé, MON chameau !

Anne, maman de Louis, 14 ans

11 FAÇONS PARENTALEMENT INCORRECTES POUR OCCUPER SES MÔMES EN VOITURE

1 Les laisser regarder autant de DVD qu'ils veulent.

2 Leur donner un max de bonbecs.

3 Mettre ACDC à fond, ça les fera taire, pour sûr !

4 Les autoriser à faire des grimaces aux passagers des voitures qui nous suivent.

5 Les laisser se chamailler.

6 Leur mettre une histoire flippante sur le poste CD (la dame blanche ou un truc dans le style).

7 Mettre des écouteurs sur vos oreilles et les ignorer.

8 Prétendre toutes les 10 minutes que oui, on est presque arrivés, alors qu'en fait il reste 540 km.

9 Leur dire : « Le premier qui voit une voiture multicolore a gagné. » Ça occupe.

10 Les forcer à lire et donc leur filer un mal de crâne et donc une sieste à la fin.

11 Idée bonus : les oublier à la station-service.

J'ai le même âge que mes enfants !

Avoir des enfants permet de garder sa jeunesse d'esprit. Batailles d'eau, de polochons, de sable. Fous rires pour une bêtise ou un prout qui fait du bruit, petits mensonges trop rigolos. Parfois on se demande qui est l'adulte… et ça fait du bien !

J'approuve sa bêtise

Mon fils de 12 mois adore vider les boîtes de mouchoirs. Je le laisse faire, j'ai au moins 4 minutes de tranquillité du coup.

Gwenaëlle, maman de Hugo, 1 an

Le faire culpabiliser

Parfois je reconnais que j'utilise le chantage affectif avec ma fille de 7 ans. Je lui dis que tout ce que je fais pour elle mérite bien des choses, que pour elle j'ai passé des nuits blanches, j'ai fait des sacrifices, j'ai commis l'impossible. Tout ce que je veux c'est qu'elle me file un de ses malabars. Et ça marche.

Candice, maman de Victoire, 7 ans

Je suis fan de ses dessins animés

Je prétends autoriser exceptionnellement ma fille à regarder La reine des neiges, *alors que, en fait, c'est moi la grande fan de ce dessin animé. Mais je n'ose pas l'avouer.*

Marie, maman de Fiona, 9 ans et Victoire, 3 ans

Je n'ai pas respecté ses consignes

Ma fille de 2 ans a posé sa poupée à côté de moi et a chuchoté : « Chuuut Maman, mon bébé dort, pas de bruit. » Du coup, forcément, j'ai hurlé : « DEBOUT BÉBÉ, ALLEZ DEBOUUUUUUT. » Ma fille a fait une tête de désespoir et de haine.

Caroline, maman d'Ambre, 2 ans

Je me sers d'eux pour me faire plaisir

J'ai acheté de la colle qui sent l'amande, celle que j'utilisais dans mon enfance, en prétextant que c'était pour mes enfants. Mais en fait c'est pour moi.

Clémence, maman de Joséphine, 7 ans et Luca, 2 ans

Je la fais culpabiliser

J'ai demandé à ma fille de présenter ses excuses pour son comportement, alors qu'en fait c'est moi qui lui devais des excuses.

Carla, maman de Lili, 6 ans

J'autorise mes enfants à faire pipi dans le bain.

Je ne le laisse pas gagner

Beaucoup de parents laissent systématiquement gagner leurs gosses lorsqu'ils font une partie de Monopoly ou de tennis. Mais pas moi. Chacun pour soi. Et comme en général je gagne, ça se termine en larmes. Mais je m'en fiche. C'est le jeu.

Jessica, maman de Lucas, 8 ans et Simon, 5 ans

Je ne prête pas à ma fille

Je refuse que ma mère donne les Barbie de mon enfance à ma fille. Ce sont MES Barbie.

Aude, maman de Nina, 4 ans

Je valide leurs batailles

Mes enfants se disputent avec une régularité étonnante. Au début, je les séparais, je hurlais, je les punissais. Mais j'ai abandonné mon rôle d'arbitre. Je les laisse faire. Que le meilleur gagne !

Diane, maman de Jules, 8 ans et Zoltan, 6 ans

Je l'imite quand il fait des caprices

Marre de l'entendre râler, s'allonger par terre en hurlant comme un chien qu'on égorge. Un jour j'ai fait comme lui, je me suis mise par terre au milieu du magasin en hurlant : « Je veux pas, je veux pas, je veux pas. » Il a eu la honte de sa vie et a cessé tous ses caprices !

Géraldine, maman d'Antoine, 3 ans

Je dis oui aux crottes de nez

J'autorise mon enfant à manger ses crottes de nez. Ce qui ne tue pas rend fort, non ?

Kim, maman de Félicien, 4 ans

J'ai répondu « Dans ton cul »

Un jour, mon fils de 3 ans hurle en cherchant sa maudite tétine et en criant dans toute la maison : « Ma tétiiiinnnnnee, ma tétiiinnnee elle est oùùù ? » J'en ai eu marre et j'ai hurlé : « DANS TON CUL ! »

Laura, maman de Jim, 3 ans

Je le mets à la porte

Mon fils de 4 ans m'a dit un jour en rentrant de l'école : « T'es pas ma mère. » Je l'ai pris au mot et lui ai dit : « Si je ne suis pas ta mère, tu n'as rien à faire dans cette maison ! » Je l'ai mis dehors en lui disant : « Et encore, tu as de la chance que je te laisse tes habits ! » Il est resté 10 minutes dehors et est finalement rentré en s'excusant...

Lydia, maman de Jules, 10 ans et Raphaël, 4 ans

Je la rends complice de mes plans

J'ai dit à ma fille de 3 ans ½ que son père allait avoir un trou dans le ventre s'il continuait à boire autant de Coca et qu'il fallait absolument qu'elle m'aide à le raisonner pour qu'il accepte de boire de l'eau, sinon ça allait être très grave pour lui ! Je cherchais une alliée et au lieu de ça, j'ai juste réussi à la traumatiser !

Élodie, maman d'Elia, 3 ans ½

Je joue à cache-cache

J'adore jouer à cache-cache avec mon fils de 3 ans. Il ne me trouve jamais. Ça le panique. Et je ris.

Valentine, maman d'Aaron, 3 ans

Je lui cache ses invitations d'anniversaire

« *Comme ma fille est invitée quasiment à tous les anniversaires de la classe, par moment je fais de la rétention d'informations ! Si par chance la maman me donne l'invitation de la main à la main sans qu'elle passe par ma fille, je ne lui en parle pas. J'en ai marre de me farcir les anniversaires tous les samedis, enfin du moins les trajets et les cadeaux !* »

Géraldine, maman de Louisa, 4 ans

Mon fils, remède anti-démarcheurs

Au 42e « Bonjour Madame, vous voulez changer vos fenêtres/votre cuisine/votre opérateur téléphonique », j'en ai eu marre et depuis je passe le téléphone à mon fils de 2 ans ½. À l'autre bout du fil, les conseillers clientèle raccrochent d'eux-mêmes !

Sonia, maman d'Evann, 2 ans ½

Le priver d'anniversaire

J'ai déjà profité d'une petite crise de mon fils de 5 ans pour le priver de l'anniversaire d'une copine, car je ne peux absolument pas encadrer la mère de la petite.

Delphine, maman de Simon, 5 ans et Léane, 15 mois

Je l'accuse à ma place

J'ai fait croire à mon mari que notre fille de 2 ans avait fait tomber sa tablette tactile et l'avait cassée, alors que c'était moi. Elle n'a que 2 ans, donc elle n'a pas tout compris, n'a pas nié et étant donné qu'elle est petite, il ne l'a pas grondée. Et moi je m'en sors la tête haute !

Camille, maman de Téa, 2 ans

Je rentre dans son jeu

« Au bout de la 234e fois où ma fille de 6 ans m'a répété que j'étais nulle, qu'elle n'aimait pas sa vie, sa chambre et ce qu'elle avait dans son assiette, je l'ai prise au mot. Je lui ai fait une petite valise, et je l'ai mise sur le paillasson en lui souhaitant bonne chance dans sa future vie. Elle a pleuré, tapé à la porte. J'ai rouvert et je lui ai dit : « Bonjour Mademoiselle, qui êtes-vous ? Vous vous êtes perdue ? Elle est où votre maman ? » En pleurant elle s'est excusée, m'a dit que j'étais la meilleure maman du monde. »

Anne, maman de Léa, 6 ans

Bonjour mademoiselle, c'est pourquoi ?
Votre maman - moi-même en l'occurence - vous a mis à la porte parce que vous étiez insupportable ?
Ne pensez-vous pas qu'elle a eu raison ?
7
Ouiiiin !!

Je me suis vengée

Mon fils a fait ses nuits vers 5 ans ! 5 ans de réveils, de cauchemars, de caprices... Alors comme la vengeance est un plat qui se mange froid, j'ai préparé mon coup pendant dix ans. J'ai attendu qu'il ait 15 ans, qu'il dorme jusqu'à midi le dimanche, qu'il faille le réveiller avec une fanfare pour qu'il aille au lycée pour me venger. Je le réveille régulièrement au milieu de la nuit, vers 2 heures ou 3 heures du matin. Comme il l'a fait, lui, étant petit. Oui, je suis perverse, mais c'est si bon.

Caroline, maman d'Edgar, 16 ans

Je lui ai dit de faire pipi dans sa combinaison de ski

En vacances au ski, après avoir passé exactement 22 minutes à lui enfiler ses collants, sa combinaison, ses gants, ses protège-genoux, son casque, ses bottes fourrées, ma fille de 4 ans m'a regardée et m'a dit : « Pipi ! » Au diable les conventions, je lui ai répondu de faire pipi dans sa combi. Au moins ça tient chaud (parfois même je fais pareil !).

Anaïs, maman de Joséphine, 4 ans

Je les associe à mon mensonge

« *Oui, c'est vrai, j'étais au téléphone avec une copine et au volant lorsque l'agent de police est venu me voir et m'a ordonné de me mettre sur le bas-côté. Je me suis retournée et j'ai dit à mes jumelles de 9 ans : « Faites semblant d'être malades, prenez l'air misérable. » Ainsi, j'ai pu feindre un virus, un coup de fil au médecin en urgence : « Je vous jure Monsieur l'agent, je ne téléphone JAMAIS en voiture, je ne prendrais pas le risque avec mes filles derrière, mais voyez par vous-même l'état dans lequel elles se trouvent, je crains le pire, je n'ai pas eu le choix. » Il a regardé mes filles qui avaient l'air mourantes et m'a demandé de circuler. Elles m'ont dit : « On a été fortes, hein Maman ? On recommence quand ? »* »

Mélissa, maman de Joanna et Mila, 10 ans

QUOI LEUR DIRE POUR NIER QU'ILS SONT NOS ENFANTS

- Tu as vu ta tronche ? Tu as vu la mienne ? Je suis beaucoup trop belle pour que tu sois ma fille.
- Je suis désolée, mais moi je n'ai aucun souvenir de ma grossesse donc tu ne peux pas venir de moi. C'est impossible.
- Tu vois bien que tu as une voix aiguë et moi une voix grave. Tires-en les conclusions que tu veux.
- Tu n'as ni le groupe sanguin de ton père, ni le mien. Voilà.
- Je ne peux pas être ta mère pour la simple et bonne raison que je suis un homme en fait.
- Ne le dis à personne, mais tes vrais parents sont des martiens. Oui, c'est pour cela que tu as toujours eu le teint verdâtre.
- Tu as vu *La vie est un long fleuve tranquille*. Ben voilà, c'est inspiré de notre famille.

Le bonheur d'être parent (si, si !)

Les enfants c'est beaucoup de fatigue, de craintes, d'angoisses, de doutes, de stress, d'énervements, de tensions, de ras-le-bol, de frayeurs, de contrariétés, MAIS aussi tellement de joies, d'amour, de gaîté, de satisfaction, de bien-être, de plaisir. Avouons-le : c'est (presque) que du bonheur !

Je suis la meilleure mère du monde

Je sais que toutes les mamans se disent ça, qu'elles sont celles qui aiment le plus leurs enfants, qu'elles sont les meilleures mamans du monde. Mais moi, c'est vrai, je le pense, je le dis, je l'avoue. Je les aime tant...

Naomi, maman de Victor, 5 ans et Lila, 3 ans

Je me venge

Lorsque j'étais petite, ma mère me nettoyait systématiquement le coin de la bouche avec un peu de sa salive et cela me dégoûtait. Maintenant que je suis mère, je fais la même chose avec mes enfants, une sorte de vengeance.

Jessica, maman de Jules, 9 ans, Elsa, 7 ans et Roman, 1 an

Jamais sans mon fils

Mon fils de 7 mois ne supporte pas la solitude ! Alors quand je dois faire la grosse commission, je la fais avec Bébé sur mes genoux ! Voilà, c'est dit !

Laurence, maman d'Elie, 7 mois

J'aime qu'il m'aime plus que son père

Mon fils m'a avoué qu'il me préférait moi à son père : « Maman, tu sais entre papa et toi je t'aime plus. » Au lieu de répondre : « Mais non, ce n'est pas bien de dire ça, tu nous aimes tous les deux autant, tu ne peux pas choisir entre ton père et ta mère... », j'ai souri et j'ai adoré.

Alexandra, maman de Matthéo, 4 ans

Je veux voir mon bébé la nuit

Alors que mon premier enfant a fait ses nuits à 2 ans, le second a dormi à 1 mois ½. Un miracle. Mais du coup il me manque ! Alors je le réveille la nuit, juste pour lui faire un câlin.

Stéphanie, maman de Victoria, 3 ans et Gustave, 2 mois

Je dors avec elle

Je suis mère célibataire et je dors avec ma fille de 3 ans chaque nuit. Il paraît que c'est mal. Mais je n'y peux rien, on aime ça.

Laura, maman de Maélis, 3 ans

Je m'endors en lui racontant des histoires

“ *Quand le soir elle demande : « Maman une histoire, Maman une histoire ! », je réponds toujours oui. Je m'allonge à côté d'elle et j'invente des histoires. Le problème c'est que comme je suis fatiguée de ma journée de boulot, c'est souvent moi qui m'endors la première et je me rends bien compte que je lui raconte des choses qui n'ont ni queue ni tête, à moitié endormie !* **”**

Émilie, maman de Laura, 5 ans

Penser que mes enfants me manquent et en fait non

“ *À chaque fois que je quitte mes enfants plus de 2 jours, je suis la plus malheureuse des mères. Leurs rires, leur odeur, leur bouille : tout me manque. Et puis je rentre de voyage ou eux de colonie de vacances, c'est la joie intense pendant... 24 heures. Après je n'ai qu'une envie : repartir.* **”**

Aude, maman d'Armance, 4 ans et Adam, 3 ans

Ah bon, ton bébé NON PLUS ne fait pas ses nuits, tu es crevée, tu as le cheveu gras et la peau terne ? Mais c'est génial, j'en suis RA-VIE !!
?!?

Je le fais pleurer pour pouvoir le consoler

J'ai déjà disputé un peu mes bébés pour qu'ils pleurent et que je puisse les serrer dans mes bras pour les consoler.

Julie, maman de Manon, 11 ans, Kilian, 9 ans, Luca, 5 ans et Léonora, 4 ans

Je lui fais croire que les câlins aident à grandir

Mon fils n'a jamais aimé les câlins. À l'âge de 2 ans, je lui ai dit : « Si tu ne me fais pas de câlins, tu ne grandiras pas. Les câlins à Maman aident les enfants à grandir. » Il y a cru. Il a 12 ans et chaque matin j'ai ma dose de bisous.

Zoé, maman de Léon, 12 ans

J'ai emmené mon bébé à un concert de rock

Je suis fan de rock. Alors pour aller à un concert, je n'ai pas hésité une minute à emmener mon bébé de quelques mois avec moi. Il avait un casque sur les oreilles. Il a adoré !

Lisa, maman de Milo, 8 mois

J'ai guillotiné la tétine

« Je n'en pouvais plus de le voir avec sa tétine dans la bouche. Alors un matin j'ai coupé la tétine de mon fils et je lui ai dit que doudou l'avait mangée. Du coup il a jeté son doudou, le traitant de tous les noms. Double victoire ! »

Charlotte, maman d'Ethan, 2 ans

Je l'aime trop

« Je suis raide dingue de mon fils de 13 mois. À tel point que je suis obsédée par lui, qu'il est partout : en fond d'écran de mon ordinateur, sur mon smartphone, dans des cadres à la maison. Je suis accro ! »

Yaël, maman de Simon, 13 mois

10 FAÇONS D'ÉNERVER SES ENFANTS (HI HI HI)

Juste envie d'être une mauvaise mère/ un mauvais père ? Comme ça... pour voir... Pour ne pas mourir idiot ?

Voici comment vous y prendre :

1 *En les appelant mon « bébé »* devant leurs potes alors qu'ils ont déjà 9 ans.

2 *En insistant pour qu'ils mangent toute la soupe aux épinards* qui est là, posée devant eux et qui, il faut l'avouer, a l'air aussi réjouissante et appétissante qu'une chaussette portée par Babouche le pote de Dora.

3 *En prétendant que non, ils n'iront plus à aucun anniversaire* d'un copain/copine de classe. Parce que !

4 *En disant qu'en fait non, on ne les aime pas.*

5 *En leur mettant une cagoule* jusqu'à leurs 12 ans.

6 *En les regardant et en riant*, comme ça, pour rien.

7 *En les privant de leur série TV* préférée à vie.

8 *En les forçant à mettre un bonnet de piscine* à la plage.

9 *En faisant semblant de ne pas les entendre* lorsqu'ils parlent.

10 *En leur disant que non seulement la petite souris n'existe pas*, mais qu'en fait c'est un gros rat bien immonde qui vient apporter les cadeaux.

Ah ! je devrais avoir honte ? Ah !

Tous les parents ont parfois des moments où ils se disent : « Oups ! » On ne donne pas le mode d'emploi d'un enfant lors de son achat. À la guerre comme à la guerre. Alors parfois, forcément, il y a des loupés.

Mais rien de grave, hein (enfin a priori, enfin parfois, enfin souvent, enfin trèèèèès souvent).

Je n'ai rien ressenti lorsque mon bébé est né

« Tu verras quand on mettra ton bébé sur toi à peine son premier cri poussé, ce sera magique. » J'attends encore. On m'a posé mon fils tout plein de sang pour un « peau-à-peau » qui s'est révélé être un moment totalement dénué d'émotions pour moi. Et Dieu sait que je l'aime.

Adeline, maman d'Alain, 4 ans

Je suis objective

Si elle n'était pas ma fille, je crois que je la trouverais moche et bête. C'est affreux.

Fabienne, maman de Xénia, 4 ans

Je suis contre les anniv' à la maison

Je n'ai jamais organisé de goûter d'anniversaire pour mes enfants avec leurs copains. J'ai la flemme. Faire les cartons, faire des sourires aux autres mamans et leur offrir un café, occuper les mômes, retrouver le bordel un peu partout chez soi. Non franchement, un anniv' en famille c'est bien mieux. Et plus calme.

Camille, maman de Louis 7 ans et Elsa 4 ans

Je cautionne n'importe quoi

Mon fils se ronge les ongles des pieds. Je le sais et je laisse faire.

Laurence, maman de Hugo, 7 ans

Je hais aller au cinéma avec lui

Je déteste aller au cinéma avec mon fils. Il parle, il pose des questions, il réclame du pop-corn. Une plaie. Alors je ne l'y emmène JAMAIS.

Noémie, maman de Kevin, 6 ans

Je fais des repas junk food

Une fois par semaine, j'autorise le repas de la mort. C'est le samedi soir : pizza, pâtes, bonbons, gâteaux à gogo. Au diable les 5 fruits et légumes !

Éliette, maman de Timothée, 8 ans, Léna, 5 ans et Julian, 4 ans

J'ai dit que leur cadeau était pourri

« *Mes enfants m'ont offert un cadeau pourri pour la fête des Mères. Je leur ai dit le plus sérieusement du monde que, du coup, je n'étais plus leur mère, que cela n'était plus envisageable et qu'il leur fallait en trouver une autre. Ils ont fondu en larmes et je les ai regardés pleurer pendant 10 minutes en faisant semblant de faire ma valise. J'ai fini par leur avouer que je restais.* »

Carla, maman de Jules, 8 ans et Madeleine, 5 ans

Je cautionne son vol

Ma fille de 18 mois prend souvent tout ce qui est à sa hauteur et à sa portée dans les magasins. Je m'en rends compte à la sortie. Et je ne retourne pas payer. Grâce à elle j'ai eu 3 boules de Noël, un paquet de gâteau, des lingettes, des chaussettes, du dentifrice, une boîte de préservatifs.

Justine, maman de Marguerite, 18 mois

J'aurais dû m'arrêter au chien

Parfois, je me dis qu'on aurait dû s'arrêter de prendre des responsabilités avec l'achat du chien.

Lucie, maman de Marie, 7 ans et Anna, 5 ans

Je le menace de le rendre

J'ai vu un reportage sur l'adoption en Amérique où les parents peuvent rendre ou s'échanger les adoptés si ça ne va pas… Cela m'a inspiré une menace contre mon fils de 3 ans ½ : je lui ai dit que s'il n'était pas sage, je le ramène au magasin des enfants pour en prendre un autre… Je sais c'est affreux ! Mais rassurez-vous il va bien.

Laura, maman de Kaïs, 3 ans ½ et Kheira, 1 mois

Je déteste jouer avec mes enfants

Faire un puzzle, une partie de dominos, faire semblant d'être la maîtresse, me laisser coiffer, jouer à chat : RIEN, je n'aime RIEN de tout cela.

Géraldine, maman de Julia, 12 ans et Victor, 6 ans

Je valide les aliments périmés

J'ai donné un yaourt périmé à mon fils. Mon mari dit que je suis folle, mais moi, j'ai vu toute une émission sur les dates de péremption, disant qu'on peut manger tout jusqu'à 8 jours après. Bon, là c'était un yaourt périmé depuis 15 jours.

Marie-Anne, maman de Julien, 7 ans

Je lui ai appris des sales trucs

Comme je hais ma belle-mère, j'ai appris à ma fille de 4 ans cette phrase : « Mamie pourquoi tu es vieille ? Et pourquoi tu pues ? »

Chine, maman d'Ella, 4 ans

J'ai fumé sur la table d'accouchement (ou presque)

Je suis une grosse fumeuse. Je sais c'est mal blablabla. J'ai tellement souffert de ne pas pouvoir fumer pendant ma grossesse, que quelques heures à peine après avoir accouché, j'ai mis mon bébé à la nursery et je suis allée m'en fumer une devant l'hôpital. Dieu que c'était bon !

Gisèle, maman d'Anaïs, 3 mois

J'ai oublié des choses dans sa valise

J'ai oublié de mettre les paires de chaussettes dans la valise de ma fille qui est partie 15 jours en colonie de vacances. Je suppose qu'elle aura la bonne idée de mettre tous les jours la même paire sans jamais la laver.

Charlotte, maman de Camille, 9 ans

J'ai appris une chanson paillarde à mon fils de 3 ans.

Je suis une MILF (Mother I'd Like to Fuck)

Je me fais draguer par le prof de piano de mes enfants. Et j'aime ça. Je lui ai même demandé de venir deux fois par semaine au lieu d'une.

Mathilde, maman de Simon, 10 ans et Salomé, 7 ans

Je l'ai privé de dîner

Quand mon fils m'a dit que ce que je faisais à manger était immonde, j'ai pris l'assiette, je l'ai regardé droit dans les yeux et j'ai tout donné au chien. Puis je l'ai envoyé se coucher sans dîner (le fils, pas le chien !).

Johanna, maman de Zacharie, 9 ans

Je suis grossière

Après 50 « On mange quoi aujourd'hui ? », j'ai fini par répondre : « De la merde en boîte. »

Agnès, maman d'Alexandre, 6 ans

Je fais l'école buissonnière

Ma réunion de travail a été annulée et plutôt que d'aller chercher mes enfants à l'école, je me suis fait une séance de cinéma. Seule. Et c'était bon.

Caro, maman de Salma, 8 ans et Daniel, 3 ans

Je me sers de lui pour avoir une forte poitrine

Je continue d'allaiter mon bébé de 8 mois, juste parce que j'ai des gros seins et que c'est beau. Si j'arrête, tout repartira. Et ça me fait peur.

Alexandra, maman de Ruben, 8 mois

Je suis nulle en maths

Je n'arrive plus à aider ma fille à faire ses devoirs de mathématiques. Elle est en CE1.

Déborah, maman de Noa, 7 ans

Si j'ai vu ta flûte ? Non mon petit poussin, désolée... Il va falloir trouver un autre jeu, d'accord ?

Je les jalouse

Je suis jalouse de mes enfants. Mon mari passe plus de temps avec eux qu'avec moi.

Anne, maman de Alma, 8 ans, Sacha, 6 ans et Théo, 4 ans

J'en aime un plus

J'aime mon fils, mais ma fille, je l'avoue, est ma préférée.

Sylvie, maman d'Alexandre, 7 ans et Nina, 6 ans

Je ne suis pas à cheval sur la propreté

Mon fils a fait tomber ses frites par terre au restaurant. Il les a ramassées et je l'ai laissé les finir.

Anne, maman de Samuel, 4 ans

Je bénis le soir

Le meilleur moment de ma journée, c'est quand ils vont se coucher.

Charline, maman de Ilan, 13 ans, Nathan, 7 ans et Amel, 2 ans

Je n'aime pas la garder

Lorsque je dépose mon bébé à la crèche, j'ai les boules. Mais lorsque la crèche est fermée et que je dois la garder, j'ai encore plus les boules.

Anne-Laure, maman de Candice, 9 mois

Je n'aime pas les prénoms de mes gosses

On avait longtemps hésité, on n'était pas d'accord et puis les deux fois j'ai cédé, j'ai accepté le choix de mon mari sans trop de conviction. 12 et 10 ans plus tard, je regrette d'avoir cédé, je trouve leurs prénoms moches et super-banals.

Amandine, maman de Balthazar 12 ans et Alicia 10 ans

Je n'ai même pas pitié

Lorsque mon fils de 13 mois a eu la varicelle avec des boutons partout, il hurlait tellement la nuit qu'à un moment je l'ai laissé. Et je n'ai même pas de remords.

Sonia, maman d'Abel, 15 mois

J'ai pris les cadeaux pour moi

J'ai reçu plein de cadeaux de naissance dont certains achetés dans des boutiques qui font aussi la femme. Alors n'écoutant que mon goût pour la mode, j'ai échangé les cadeaux de naissance que j'ai reçus contre des trucs pour moi.

Léa, maman de Simon, 6 ans et Anna, 4 ans

Je le cogne

Quand je porte mon fils endormi dans mon lit pour le ramener vers le sien, je le trouve lourd, j'ai du mal, et je crois qu'il se prend le mur du couloir. C'est qu'il a 10 ans !

Leïla, maman de Mathéos 10 ans

Je fais du chantage

« Si tu es sage tu auras un bonbon, si tu ranges ta chambre tu auras des chocolats, si tu fais tous tes devoirs seul tu auras le droit de regarder la télé. » C'est une méthode nulle, mais tellement pratique.

Émilie, maman de Virginie, 9 ans et David, 5 ans

J'aurais dû écouter ma mère qui m'avait prévenue de ne pas avoir d'enfants.

Je le mets sur le ventre

On m'a dit de coucher mon bébé sur le dos, mais depuis que j'ai remarqué qu'il est mieux sur le ventre et que ma mère m'a dit qu'à son époque, on faisait comme ça, je le fais. Et c'est mieux.

Charlotte, maman de Killian, 7 mois

Je ne prends pas de gants

Parfois, quand ma "préado" me parle, je dis juste : « Tu sais quoi ? Je m'en fiche en fait de ce que tu me racontes, c'est totalement inintéressant. » Comme c'est bon !

Sophie, maman de Sacha, 9 ans, Louis, 8 ans et Zoé, 5 ans

Je lui ai appris à se défendre

À force de voir ma fille rentrer en larmes de l'école à cause d'une petite fille qui se moquait d'elle, je lui ai dit de lui donner une gifle et de lui tirer les cheveux. Ça a marché. J'ai engendré un monstre et j'en suis fière.

Héléna, maman de Jeanne, 4 ans

COMMENT ÊTRE LA PIRE MAMAN DE LA CLASSE EN 10 POINTS

1 Ne jamais les accompagner à l'école.

2 Ne jamais faire les sorties scolaires.

3 Ne jamais justifier les absences.

4 Ne pas connaître le nom de la maîtresse.

5 Oublier le goûter.

6 Ne jamais aller les chercher.

7 Ne pas savoir en quelle classe ils sont.

8 Ne pas s'intéresser à leurs devoirs.

9 Leur dire que l'école c'est nul, ça ne sert à rien et ça fait des chômeurs.

10 Insulter la maîtresse parce que. Parce que !

J'aurais préféré avoir des filles

Je dis à tout le monde qu'avoir quatre garçons c'est génial, alors qu'en fait je suis hyper-frustrée, j'aurais adoré avoir des filles.

Fleur, maman de Philippe, 14 ans, Louis, 10 ans, Albert, 8 ans et Oscar, 2 ans

J'ai trouvé une planque

J'ai planqué la flûte des enfants dans le bac à linge sale. Aucun risque qu'ils la trouvent puisque c'est moi qui gère le linge.

Géraldine, maman de Patrick, 7 ans et Mila, 5 ans

Je ne lis pas d'histoires le soir

J'ai 4 enfants, alors les histoires du soir, merci, mais non merci. Je leurs mets une cassette audio de Marlène Jobert et le tour est joué. Ils finiront par dire « Maman » à l'appareil à cassettes.

Sara, maman de Lili, 8 ans, Paul, 6 ans, Élise, 4 ans et Yohann, 1 an

J'éteins le film avant la fin

Nous avons regardé des tonnes de films qui finissaient mal, alors j'éteins le DVD avant la fin. Certes, c'est frustrant pour lui, mais la fin de E.T. *et* Titanic *c'est trop hard.*

Claire, maman de Greg, 6 ans

Je veux un bébé juste pour lui donner ce prénom que j'adore

Pour mon premier enfant, c'est mon mari qui a choisi le prénom et ça m'a frustrée. J'ai un prénom mixte en tête depuis que je suis gosse. Je rêve d'avoir un enfant qui le porte et je crois bien que je vais faire le deuxième rien que pour ça !

Livia, maman de Ella, 4 ans

Je ne coiffe jamais ma fille

Ma fille de 6 ans a la chevelure de Raiponce et l'envie folle que je la coiffe, que je lui fasse des tresses, des coiffures de princesse. Mais comment dire ? Je n'ai pas du tout 20 minutes à tuer chaque jour. Qu'elle se débrouille !

Anna, maman d'Elsa, 6 ans

Je hais La Maison de Mickey

Si Mickey me demande encore une fois avec sa voix de rouge-gorge bourré de venir le rejoindre dans sa maison de Mickey, je mets le feu à la télé. Faut pas me chercher Mickey Mouse !

Annabelle, maman de Léa, 3 ans

J'aime être divorcée

Le divorce a du bon, j'ai la garde de mes enfants une semaine sur deux et même si au début j'ai souffert de ne plus les voir tous les jours, aujourd'hui j'apprécie terriblement les semaines où je ne les ai pas. J'en profite pour dormir, sortir, rentrer tard, faire la fête et ne pas me prendre la tête.

Kim, maman de June, 8 ans et Killian, 6 ans

Je les plante devant la télé

Lorsque je veux avoir une demi-heure de tranquillité (bon, OK, 2 heures), je les plante devant la télé. La meilleure baby-sitter jamais inventée.

Laetitia, maman de Jérémie, 8 ans et Ava, 4 ans

Je le mets dans son parc pour avoir la paix

À 12 mois mon fils marche à quatre pattes partout et adore mettre ses petits doigts pile là où il ne faut pas. Je ne peux même plus aller aux toilettes l'esprit libre. Alors je le mets dans son parc. Il a vaguement l'air d'être en prison derrière les barreaux. Mais moi, j'ai la paix !

Judith, maman de Sam, 1 an

J'ai volé ses piles

J'ai chipé les piles AA du train électrique de mon fils pour mon jouet d'adulte à moi.

Élodie, maman de Lenny, 6 ans

Pas de siège auto

J'avais 21 ans quand mon fils est né et pas de siège auto pour lui. En 1978, est-ce que ça existait ? Alors en balade en voiture avec des amis on a mis notre fils dans son couffin, dans le coffre de la voiture ! Bon on avait enlevé la plage arrière. Ma mère m'avait traitée de tous les noms.

Martine, maman de Christophe, 36 ans et Sophie, 32 ans

Je lis son journal intime

Quand j'étais petite, j'ai surpris ma mère en train de lire le mien et je l'ai haïe. Je m'étais juré de ne pas faire comme elle avec ma propre fille. Enfin quoi, c'est pas de ma faute si elle le laisse traîner sur son bureau.

Romane, maman de Bella, 9 ans

Je jette ses dessins

Ma fille nous inonde de dessins, et à force de les entasser dans un dossier, j'ai fini un jour par en jeter un énorme tas, mais je ne l'ai pas joué fine puisqu'elle a vu le tas dans la poubelle et a fondu en larmes... Depuis, je fais ça en son absence et je les descends à la grosse poubelle !

Anne-Lise, maman de Carole, 7 ans

Je lui ai donné un biberon au café

Un matin, fatiguée, j'ai mis des doses de café en poudre au lieu du lait dans le biberon de mon fils de 6 mois. Il a bu une gorgée, tout recraché avant que je ne constate la chose !

Mélissa, maman d'Eddy, 6 mois

Et ça mon chéri, c'est LE meilleur médicament du monde ; je verse un peu d'eau sur le sucre, ensuite tu le bois et hop, fini le bobo !
Sucre en poudre
Petula

J'ai oublié mes enfants à l'école

Je ne sais plus comment c'est arrivé. Je n'ai pas vu l'heure, le temps a filé et pouf ! à 17 h 30 l'école m'a appelée. J'avais une heure de retard !

Élisa, maman d'Élinor, 7 ans et Mathilde, 5 ans

Je feinte

Souvent, quand ma fille de 3 ans me demande si elle peut manger un truc qui tache comme du chocolat et que je viens de faire le ménage ou de l'habiller, je lui dis qu'il n'y en a plus. Elle pleure, mais tant pis. Moi j'ai pas de ménage et de machines à (re)faire.

Irène, maman d'Alma, 3 ans

J'ai gaffé

Une fois j'ai dit à ma fille : « Mais pourquoi tu as acheté une telle horreur, c'est n'importe quoi d'utiliser ton argent de poche pour ça ? » Et elle de me répondre en pleurs : « Mais, c'était ton cadeau de fête des Mères ! »

Héléna, maman d'Ingrid, 10 ans

Je ne sais pas garder ses secrets

Parfois, ma fille de 9 ans me fait des confidences qu'elle croit dignes de la formule de l'arme atomique. Je jure « croix de bois, croix de fer » que je dirai rien à son papa sur le fait qu'elle a perdu son Bic quatre couleurs ou qu'elle a un amoureux. Mais je ne sais pas garder ses secrets. J'adore les répéter.

Candice, maman de Paola 9 ans

J'oublie de donner le pique-nique

C'est pas de ma faute si en plus de penser aux affaires de sport, je devais aussi lui mettre un pique-nique ! Manquerait plus qu'il faille le nourrir le soir...

Clémence, maman d'Achille, 5 ans

Je fais semblant de l'écouter

Mon fils de 5 ans parle sans s'arrêter dès que je le récupère à l'école le soir et j'avoue que ça me gonfle. Alors par moment je dis « Ah bon ? », « C'est vrai ? », « Ooohhhhh », mais je n'écoute rien.

Olivia, maman de Thomas, 5 ans

J'ai mis de la moutarde sur mes seins pour arrêter l'allaitement

“ *J'allaitais encore ma fille à 28 mois. J'en ai eu ras-le-bol, mais elle n'était pas du tout disposée à arrêter. J'ai regardé un peu sur le Net et j'ai vu qu'au Maghreb, certaines femmes mettent du jus d'Aloe vera sur leurs seins... J'ai essayé et elle a adoré m'en demandant encore. Alors je suis passée à une méthode radicale : j'ai mis de la moutarde sur les mamelons et ça a marché ! J'ai un peu honte, mais j'en avais tellement marre...* ”

Corinne, maman d'Antoine, 9 ans et d'Eléa, 3 ans

Je lui ai donné une tétine alcoolisée

On prenait un apéro avec mon mari. Notre fils a fait tomber sa tétine et comme elle était sale, son papa l'a ramassée et l'a mise dans sa bouche pour la nettoyer. Il avait oublié qu'il venait de boire une bière ! Le petit a fait une drôle de tête !

Ludivine, maman de Mathis, 6 mois

Je lui mets le même tee-shirt deux jours de suite

Pour gagner du temps, des machines, du repassage, je mets souvent le même tee-shirt à mon fils deux jours de suite. Un jour d'un côté, le lendemain de l'autre ! Face A, face B. Évidemment, s'il se tache j'évite !

Stéphanie, maman de Lucas, 5 ans

Mon bébé dit des gros mots

Vers 18 mois, ma fille savait dire « Maman », « Papa », « Ju » (le prénom du chien, Juge) et... « putain ».

Ariane, maman de Félicie, 18 mois

J'ai arrêté d'allaiter pour boire du vin

Après 5 mois d'allaitement exclusif, j'étais en manque de vin/champagne. J'avais une grosse envie de faire la fête, de me bourrer la gueule, de ne pas penser aux conséquences de tout cela, de ne pas devoir calculer « si je bois maintenant, je dois attendre tant d'heures ». Alors j'ai arrêté d'allaiter.

Mélissa, maman de Walter, 2 ans

J'aime mon chien

Le soir quand je rentre du bureau, je suis plus contente de voir mon chien que mes gosses. Lui au moins il me fait la fête.

France, maman de Hugo, 9 ans, Romane, 6 ans et Lili, 2 ans

Je l'ai fait manger par terre

Mon fils mangeait tellement comme un cochon qu'un jour l'ai fait manger par terre. Radical.

Judith, maman de Julien, 5 ans

Je déteste les
autres mères
à la sortie
d'école.

Je me planque pour manger

« Chaque fois que je mange un truc, même planquée dans le fond du jardin, mes enfants surgissent et moi, je suis obligée de partager mon pain au chocolat. Donc, un dimanche, je suis partie toute seule à la boulangerie (sans mari, sans enfants) pour me chercher 2 pâtisseries. J'ai demandé à la boulangère une petite cuillère. Elle m'a regardée : « Vous voulez dire 2 petites cuillères ? » Je lui ai confirmé : « Non, une seule, c'est pour moi. » Et j'ai tout mangé en cachette. Plaisir gourmand et à peine coupable. Je me suis arrêtée sur un chemin de campagne pour déguster mes pâtisseries... Quel bonheur ! Puis je suis rentrée chez moi en souriant béatement... »

Lavinia, maman de Thomas, 18 ans et Julie, 14 ans

Je jette ses jouets

Il m'est arrivé de jeter/donner des jouets abîmés de mon fils sans lui dire, et lorsqu'il me demande si je ne les ai pas vus, comme seule réponse je dis : « Je ne sais pas où tu les as perdus. »

Aurélie, maman de Fred, 8 ans

Je suis heureuse qu'elle attire les moustiques

J'ai une peau qui attire les moustiques. Et puis ma fille est née et c'est elle qui les attire désormais. Moi, j'ai la paix. Et je m'en réjouis.

Laura, maman d'Elsa, 6 ans

J'ai hâte qu'ils soient adultes

Vivement qu'ils soient grands et qu'ils partent de chez nous, que je n'aie plus à les accompagner à l'école/à leur donner le bain/à leur faire faire leurs devoirs/à repasser leurs fringues. Mais qu'ils se cassent, quoi !

Joanne, maman de Zoé, 9 ans et Paul, 5 ans

J'aime avoir 3 minutes de tranquillité pour aller sur Facebook

Je suis heureuse que mon enfant ait acquis la propreté et soit seul dans les toilettes. Pas parce que je suis fière, mais parce que ça me donne 3 minutes seule, pour updater mon statut Facebook.

Amanda, maman de Nicolas, 2 ans

Je ne vais pas les chercher

Mes filles finissent régulièrement plus tôt au collège (profs absents). Eh bien je ne vais pas les chercher, je les laisse en perm et prendre le bus toutes seules. J'ai trop la flemme de prendre la voiture !

Natacha, maman de Nathalie et Julia, 14 ans

Je suis une amie perverse

Ma meilleure amie pense que l'allaitement est un truc immonde et me donne des leçons à ce propos. Et moi, j'estime que c'est mon problème si je veux allaiter mon enfant ou pas. Alors quand je suis chez elle, je fais exprès de faire gicler mon lait sur son canapé devant ses yeux ahuris.

Marie, maman d'Eva, 6 mois

Je les couche habillés

Parfois, pour gagner du temps pour le lendemain matin, j'habille mes enfants avant de les coucher. Le lendemain, je les réveille au dernier moment et hop ! ils sont déjà prêts.

Delphine, maman de Chiara, 7 ans et Léon, 3 ans

Je dis les choses

Quand mes enfants me demandent si leurs dessins sont beaux, je leur dis la vérité. Et souvent ils sont laids.

Sonia, maman de Gaspard, 7 ans, Lou, 6 ans, Basile, 3 ans et Thomas, 1 an

J'ai oublié mon enfant

Ma fille avait 2 ans ½, je courais cette année-là entre mon boulot, ma fille, la maison... Bref, un matin je suis partie... sans ma fille ! Heureusement j'ai tilté en arrivant à la voiture. La pauvre petite m'attendait sagement sur le canapé. Et dire que je me demandais comment certains parents pouvaient oublier leur enfant dans la voiture... J'ai bien culpabilisé.

Anaïs, maman de Manon, 4 ans

Je n'aime pas les enfants des autres, aucun !

J'oublie régulièrement son goûter

Ma fille de 7 ans va à l'étude à l'école. Il n'y a rien à faire, une fois sur deux j'oublie de lui mettre un goûter dans son cartable. La pauvre sort à 18 heures affamée.

Géraldine, maman de Dina, 7 ans

Je prends son jus de fruits pour me faire des cocktails alcoolisés

Je suis une bonne mère : j'achète des fruits bio pour que chaque matin mon fils de 5 ans ait sa dose de vitamines. Mais... je ne suis pas si parfaite que ça. La réalité c'est que je me sers de ça pour lui « emprunter » du jus bien frais pour me faire des cocktails maison avec une petite dose de vodka en plus. Ou comment passer pour Caroline Ingalls alors qu'on est Carrie Bradshaw.

Aurore, maman de Léo, 5 ans

Je menace les doudous

Quand mes jumeaux ne veulent pas partir de la crèche le soir, je prends les doudous en otage…

Flo, maman de Léo et Ophélie, 3 ans

J'oublie sa date d'anniversaire

Mes deux enfants sont nés à deux ans et un jour près à la même date. L'un le 12 mars, l'autre le 13. Souvent je confonds leurs dates d'anniversaire, je ne sais plus qui est né le 12, qui est né le 13…

Elsa, maman de Félix, 9 ans et Margot, 7 ans

J'ai laissé des poux sur la tête de mes enfants

Au bout de 6 mois où je n'arrivais pas à me débarrasser des poux de mes deux enfants, après avoir tout essayé, dépensé mon salaire dans des produits antipoux, fait trois machines à laver par jour, j'ai capitulé et je laisse ces bestioles sur leurs têtes. Ça n'a jamais tué personne, si ?

Paloma, maman de Jeanne, 8 ans et Julian, 6 ans

Je refile les cadeaux d'anniv de mes gosses

« *À chaque anniversaire, mes enfants invitent environ 15 copains chacun et reçoivent donc 15 cadeaux. Et comme je trouve (et je sais) qu'ils ne joueront pas avec tout, j'en mets certains de côté pour les réoffrir à des anniversaires auxquels eux seront invités. Évidemment je note qui a offert quoi, histoire de ne pas faire de gaffe en réoffrant le cadeau à celui qui l'a offert. Le mieux dans l'histoire c'est que non seulement mes enfants ne se rendent même pas compte du truc, mais en plus je fais des économies.* »

Louise, maman d'Albert, 8 ans, Mathias, 6 ans, Léonore, 3 ans et Anna, 15 mois

Il prend son médicament dans mon verre à vodka

« *Il n'y avait rien à faire, mon fils de 4 ans n'a jamais voulu prendre ses médicaments. Quand il est malade, c'est la croix et la bannière pour lui faire avaler n'importe quel sirop. Jusqu'au jour où... un peu par hasard, je ne sais plus comment c'est venu, j'ai versé le médicament dans un verre à vodka, un de ces petits verres mignons dans lesquels on boit des shots. Le miracle s'est produit : il a pris son sirop. Depuis je ne me pose plus la question, les médicaments ça se boit en shots dans le verre à vodka de maman !* »

Clémence, maman de Julien, 4 ans

J'ai détesté être enceinte

Il paraît que la grossesse est un état de plénitude absolu. J'ai tout simplement trouvé que c'était la pire période de ma vie.

Caroline, maman de Paul, 15 ans, Raphael, 7 ans et Louise, 6 ans

Je me suis trompée de date d'anniversaire

Mon fils est né le 22 juillet et depuis sa naissance, je m'étais mise en tête qu'il était du 21. Du coup, j'ai invité toute la famille à venir souffler sa première bougie le 21 jusqu'à ce que mon mari me demande pourquoi j'avais choisi de le fêter la veille.

Julie, maman de Hugo, 15 mois

Je les accuse pour rien

Il m'arrive souvent d'engueuler mes enfants qui ont perdu un papier important. Je hurle, je les traite de tous les noms. Puis, 3 heures après, je retrouve ledit papier dans... ma poche. Et je ne le dis à personne évidemment.

Gaïa, maman de Sacha, 5 ans et Romane, 4 ans

Je les ai mis en vente

J'ai mis mes enfants en vente sur Le bon coin. Pour rire évidemment. Je n'avais pas pensé que la police n'avait pas le même humour.

Julie, maman d'Arno, 8 ans, Marguerite & Liam, 3 ans

Je leur pique leurs frites

J'adore à table dire à mes enfants : « Oh ! regarde là-bas, un éléphant rose ! » pour leur voler 2 ou 3 frites comme ça, l'air de rien. Ils sont concons quand même, non ?

Laetitia, maman de Louise et Victor, 4 ans

Je le trouve laid

Mon bébé de 3 mois ressemble à un Gollum. Et je le sais.

Carine, maman de Ferdinand, 3 mois

Je fais croire qu'il est malade pour voir le beau pédiatre

« Lorsque mon fils est né et que j'ai dû choisir un pédiatre, une amie m'a juste dit : « Va voir le Docteur H., tu ne seras pas déçue. » Je pensais qu'elle parlait d'un grand professeur hyper-expert. Non seulement il est hyper-expert, mais en plus hyper-sexy, le genre de médecin qu'on voit dans les séries américaines. George Clooney dans Urgences peut aller se recoucher !

Du coup je prétends tous les 15 jours que mon fils est malade/respire mal/a l'air d'avoir mal aux oreilles/a la diarrhée/ pour aller le voir alors qu'en réalité c'est le gosse le moins malade de l'univers ! Et à chaque fois que je le vois, je rougis comme une préado.

Mon mari a demandé plusieurs fois de venir, mais comme je lui ai dit que le docteur H. était un vieux en quasi retraite avec une haleine de chacal et des conseils foireux, je n'ai pas du tout envie qu'il découvre mon secret ! Alors je dis non à chaque fois. Le pire ? Je n'ai pas même pas honte. »

Emmanuelle, maman de Mickael, 2 ans

J'ai tout jeté

Mon fils a tendance à prendre sa chambre pour un dépotoir. Le sens de gravité avait changé dans sa chambre, tout était sens dessus dessous. Je l'ai menacé plusieurs fois de tout passer par la fenêtre. Et un jour... je l'ai fait.

Sylvie, maman de Jonas, 13 ans

Je l'ai mise dehors

Après une violente crise de nerfs de ma fille de 5 ans, je l'ai mise sur le palier pour qu'elle se calme. Pas de bol, mon voisin a appelé la police.

Chloé, maman de Anne-Charlotte, 5 ans

Je lui demande de passer la télécommande

L'avantage d'avoir un enfant qui marche et qui comprend tout c'est que parfois, lorsque je n'ai pas envie de me lever de mon canapé pour aller chercher quelque chose, en général la télécommande, je demande : « Chouchou, tu peux me donner la télécommande sur la table s'il te plaît ? » ou encore : « Tu peux m'apporter mon téléphone ? » Pratique !

Clara, maman de Lou, 2 ans

10 CHOSES QU'UNE MAMAN PRÉVOIT DE FAIRE POUR ÊTRE UNE BONNE MÈRE (MAIS QU'EN FAIT ELLE N'A PAS PU, CAR – OUPS ! – ELLE AVOUE NE PAS EN ÊTRE UNE)

Voilà il y a « avant d'être mère » et puis il y a la réalité. Voici 10 choses que chaque future maman avait prévu (non, mais vraiment prévu) de faire avec ses enfants pour devenir LA meilleure des mamans. Et puis… et puis en fait la vie, la non-envie… Et puis c'est pas grave, si ?

1 *Allaiter longtemps, genre 8-9 mois.* On découvre souvent rapidement qu'on peut être aussi une super-maman sans allaiter du tout.

2 *Ne faire QUE des purées aux légumes frais* du matin cueillis dans un jardin inventé. Ben, les petits pots de temps en temps ce n'est pas si mal non plus !

3 *Ne JAMAIS mettre mes gosses devant un DVD* pour « être tranquille ». Ben si !

4 *Ne JAMAIS dire de gros mots* devant eux. Putain, c'est dur, bordel de merde !

5 *Leur lire des histoires chaque soir.* Ou pas.

6 *Écrire chaque jour dans un livre un billet pour eux* qu'ils liront lorsqu'ils seront grands. Ahum. Ahum.

7 *Ne JAMAIS introduire de bonbecs à la maison.* IMPOSSIBLE.

8 *Ne JAMAIS dire du mal de gens* qu'on n'aime pas devant eux. IMPOSSIBLE bis.

9 *Leur cacher que parfois le monde est cruel.* Est-ce que c'est de notre faute s'ils savent lire vers 6 ans et qu'ils voient ce qu'il se passe ici et là en Une des journaux ?

10 *Leur dire qu'ils sont nés dans des choux.* Ils découvrent bien vite la sombre vérité et aussi que les choux auraient été vachement plus cool et moins bizarres.

Inclassables

Hors catégorie, originaux, différents, uniques : inclassables. Comme les enfants.

Je lui ai parlé comme à un adulte

Marre de cette fichue tétine qu'il baladait ici et là. Un jour, il avait 2 ans, je lui ai dit « OK mon petit, c'est TA vie, c'est TON problème si tu as l'air ridicule avec cette tétine dans ta bouche. Moi tu sais quoi ? Je m'en tape. J'ai 32 ans, plus besoin de faire mes preuves, je ne dépends d'aucun objet, je suis grande quoi. Alors, prends tes responsabilités, sois un homme ». Il m'a regardée l'air hagard et a dit « ze comprends rien maman mais ze vais zeter ma totote ».

Jessica, maman de Jules, 9 ans

Je suis agressive

Quand une inconnue me demande pourquoi j'allaite et combien de temps je compte le faire (avec un air dégoûté), je n'hésite pas à lui répondre « autant de temps que tu laisseras tes poils pubiens envahir ton visage ». Je vais me mettre au yoga, promis.

Jennifer, maman de Tom, 2 ans ½

J'invente des remèdes

S'il a mal aux jambes, à la tête, au petit doigt, à l'œil et que je sens que ce n'est pas vraiment grave, je lui donne à boire de l'eau sucrée en lui disant qu'il s'agit d'un médicament qui le fera aller mieux. Radical.

Marie, maman de Fabrice, 6 ans

Je fais comme elle

Ma fille a 14 ans et se prend pour une femme. Elle me pique mes fringues, mon rouge à lèvres, mon mascara. J'ai beau lui dire de ne pas le faire, elle le fait. Du coup, je fais comme elle : je lui chipe sa brosse à cheveux, ses stylos, ses chaussures et même ses sous. À la guerre comme à la guerre.

Sarah, maman de Salomé, 14 ans

J'ai pris la couche de ma fille pour moi

Un soir en panne de serviettes hygiéniques, j'ai découpé une couche de ma fille et m'en suis fabriqué une.

Sandra, maman de Inaya, 6 ans et Leyhann, 17 mois

Sur ma liste de mariage, j'ai mis des préservatifs

Je sentais bien que devenir mère serait un gouffre. Pourtant j'avais bien mis sur notre liste de mariage « boîte de 12 préservatifs ». La 13e fois, ça été fatal.

Hélène, maman de Félicien 6 ans

Je ne suis pas une maman star

Julia Roberts a dit que ses enfants à la naissance « sentaient l'amour ». Les miens sentaient le caca.

Jessica, maman de Jules 9 ans, Elsa 7 ans et Roman 1 an

En mode Dark Vador

Quand ma fille est chiante, une petite voix dans ma tête dit : « Je n'suis pas ta mère » (avec la voix de Dark Vador !).

Vivipucca, maman de Sazamé, 3 ans

Non, j'irai pas
à l'école, je voulais
l'AUTRE doudou !
Ouiiiiiin !!!
Je n' suis PAS
TA MÈRE !!

Je comprends maintenant pourquoi certains animaux mangent leurs petits.

J'aime mieux mon chien

Lorsque je pars en vacances sans mon chien, je pleure. Lorsque je pars en vacances sans mes enfants, je hurle de joie.

Sophie, maman de Jeanne, 8 ans et Louis, 3 ans

Je me néglige

Je mets du sel dans mon café le matin, mes cheveux sont sales, je n'ai pas dormi depuis 3 ans, je me fais souvent mal aux pieds en marchant sur des jouets en plastique, j'envie mon chien, je suis accro au Nutella. Je. Suis. Une. Mère.

Aude, maman de Balthazar, 3 ans

Halte aux gros mots

Mon fils disait tellement de gros mots qu'un jour je lui ai lavé la bouche avec du savon. Radical.

Ada, maman de Lucas, 4 ans

Parfois je me demande pourquoi je n'ai pas de congélateur.

Merde, je suis enceinte !

Je lui ai dit que Dora était morte.

Je déteste les câlins de mes enfants.

J'ai refusé la demande d'ami de ma fille sur Facebook.

Je préfère les adultes aux enfants.

20 RAISONS DE PRÉFÉRER AVOIR UN CHIEN À UN BÉBÉ

1 *Bye bye l'accouchement.* Ça évite d'être enceinte et d'accoucher. Le rêve de toutes les mamans.

2 *Ça permet de choisir le plus beau…* ce qui de toute évidence est impossible avec un gamin. Si on a un chien moche, les gens se disent : « Non, mais pourquoi a-t-elle choisi celui-là, enfin ? Moi, j'en aurais pris un autre. » Avec un bébé c'est impossible, et s'il est moche, on ne peut que s'en mordre les doigts.

3 *Un chien, c'est vraiment plus économique.* Une gamelle, une laisse, une couverture au sol et hop ! J'ai essayé le même régime avec mon dernier de 8 mois, il n'a pas apprécié. Ils ont des goûts de luxe les mômes.

4 *Un chien permet de draguer dans la rue.* Je suis seule avec lui et là je peux potentiellement me faire accoster par Brad Pitt. « Oh il est mignon, quelle race, vous habitez le quartier, vous avez le temps de prendre un café ? » Avec un bébé c'est IMPOSSIBLE. Une femme avec un bébé et c'est Brad Pitt qui traverse. Non, on ne drague pas une femme avec une poussette.

5 *C'est plus facile à emmener au resto qu'un bébé.* Le chien s'assoit par terre et dort. Le bébé, c'est tout de suite compliqué : la poussette qui prend trop de place, le menu qui n'est pas adapté, le gosse qui pleure, les voisins de table qui rouspètent.

6 *À moi les voyages en avion.* En avion un chien ne dérange pas. Car il est dans la soute. Essayez donc de demander à l'hôtesse si vous pouvez mettre Bébé en soute et vous

comprendrez vite fait que non « c'est impossible, Madame, vous devez avoir votre enfant sur les genoux durant tout le voyage ». Et un bébé en avion, c'est pas drôle.

7 *Un bain tous les 6 mois : easy !* Le bébé a besoin d'être changé, lavé, soigné. Alors qu'un chien... ! Un bain tous les 6 mois, pas de couches, pas de chichis pour un petit bobo. Le rêve !

8 *Un chien est facile à refiler pour un week-end.* Et même pour un long séjour. Un coup de fil à un ami, un membre de la famille ou même à une pension de gardiennage, et hop ! le tour est joué. Alors que caser un bébé ça relève du casse-tête chinois. La grand-mère n'a pas le temps, la tante a besoin de dormir la nuit, la cousine n'a pas la place Quant à la pension...

9 *Un chien vous obéit.* Un chien écoute ses maître/maîtresse. « Assis ! Allongé ! Viens ! » Un enfant n'écoute jamais ses parents. Question de principe.

10 *Fini les « pourquoi ? » incessants.* Un chien ne pose pas 123 questions par minute. Un enfant si. Et c'est fatigant.

11 *Un chien ne vous dira pas « NON ».* Un chien ne pourra jamais rien reprocher à ses maîtres. Il est content de tout, tout le temps. Pas besoin de préciser qu'un bébé a le pouvoir inverse du Crédit Lyonnais, le pouvoir de dire NON.

12 *Ça fera du bien à mes tympans.* Un chien n'impose pas ses dessins animés pourris et sa musique affreuse à la maison. Un enfant, si.

13 *Plus de caprices.* Un chien ne fait pas de caprices pour avoir une « glaceeeeeeeeeeeee ».

14 *On peut le laisser seul.* On peut laisser un chien un après-midi entier à la maison sans avoir peur qu'il mette les

doigts dans une prise ou le feu au salon. Partir le cœur léger, ça n'a pas de prix !

15 *Un prénom ridicule, et alors ?* On peut donner des prénoms ridicules à son chien sans que personne ne conteste. Alors qu'un bébé c'est impossible. Moi, le nom de mon chien, ULK, amène un sourire suivi d'un « ah c'est génial ce nom ». Avec mes mômes, personne ne m'a jamais dit ça.

16 *Les chiens vous foutent la paix.* Les chiens adorent dormir. Tout est dit.

17 *Les chiens aiment manger de tout.* Pas de « non j'aime pas » devant un plat. Ils salivent même devant des brocolis.

18 *Les chiens ne savent pas faire semblant.* Ils ne savent pas mentir. S'ils sont contents, ils le sont vraiment. A contrario, parfois nos propres enfants nous mentent. C'est de la haute trahison.

19 *Plus besoin de guetter les notes.* Pas de stress de bonnes notes ni de bon livret, avec un chien.

20 *Place au farniente !* Avec un chien, lorsqu'on rentre du bureau après une journée fatigante, on peut s'asseoir dans le canapé, un verre de vin rouge à la main, un peu de musique classique en fond et fermer les yeux. Avec des enfants, dès que l'on tourne la clé dans la serrure, on entend : « Maman/papa, je peux te faire un spectacle/te lire une histoire/te faire un câlin/des chatouilles/te dire pourquoi Oscar m'a embêté à l'école/t'expliquer un truc/finir mes devoirs avec toi… »

PS : Aucun animal n'a été maltraité pour l'écriture de ce billet.

Quant aux enfants…

Confessions d'enfants

L'auteure (une personne vachement sympa, vachement intelligente, vachement belle et vachement humble) est allée, tel l'agent spécial Horatio Caine (le Navarro made in USA), à la rencontre d'enfants. Prise de risques maximum pour elle (*applause*).

Elle a recueilli des confessions surprenantes (réécrites en langage adulte car sinon vous n'auriez rien compris).

Je fais semblant d'avoir peur pour ne pas dormir

« *Voilà, j'ai 4 ans et je n'aime pas aller au dodo le soir. Alors pour ne pas y aller, je fais croire à mes parents que j'ai peur du loup caché sous mon lit. Au début Maman m'a dit de retourner au lit, mais au bout de la 12e fois, elle a envoyé mon papa me montrer qu'il n'y avait pas de loup sous mon lit, qu'il n'y avait pas de loup dans ma ville et que même s'il y en avait ils n'avaient pas le code de l'immeuble. Mais moi, comme j'ai trop envie de rester avec eux, je continue de leur dire que j'ai peur du loup et j'arrive même à me mettre à pleurer. Du coup je gagne 30 minutes avec eux et je finis par m'endormir dans les bras de Maman sur le canapé et ça, c'est chouette !* »

Joseph, 4 ans

Je fais semblant d'être malade pour ne pas aller à l'école

C'est un copain qui m'a donné cette idée : faire semblant le matin d'avoir mal au ventre, simuler une douleur, pousser ma mère à me demander de prendre ma température, mettre le thermomètre sur le gant brûlant que j'ai planqué sous ma couette juste avant et la laisser croire que j'ai 39. Et c'est comme ça que je sèche LA dictée que je n'ai pas envie de faire.

Charlie, 9 ans

Je fais croire que j'ai mal aux jambes

Une fois, j'ai vraiment eu mal aux jambes et ma mère m'a autorisée à venir dormir avec elle parce qu'elle a dit que comme je grandissais c'était normal. Depuis, je fais le coup une fois par semaine alors qu'en fait je n'ai mal nulle part !

Emma, 8 ans

Je dis à ma mamie que je n'ai pas eu de goûter

Le mardi c'est Mamie qui vient me chercher à l'école. Papa me prépare toujours le goûter pour l'étude, mais quand ma mamie vient me chercher à 17 heures, je lui dis systématiquement que Papa a encore oublié le goûter. Du coup elle m'achète un pain au chocolat et des bonbons. Pour le moment je crois qu'elle me croit !

Nina, 6 ans

Je fais croire que je dois faire un exposé avec un copain pour qu'il dorme chez moi

Maintenant que je suis en CM1, j'ai des exposés à faire. Bon, disons plutôt que j'en ai eu un pour de vrai. Et je dis à mes parents que j'en ai un par mois, juste pour inviter des copains à faire semblant de travailler dans ma chambre et parfois les inviter à dormir. On recopie juste une page d'un livre et on fait croire que nous l'avons écrite nous-mêmes ! Du coup on rigole bien !

Arthur, 9 ans

Je dénonce ma sœur

À chaque fois qu'une bêtise est faite, comme du jus d'orange renversé par terre, le téléphone de Papa qui est tout mouillé, des papiers de bonbons retrouvés dans les toilettes, j'accuse ma petite sœur de 18 mois. Et comme elle ne comprend rien... Je sauve ma peau, quoi.

Joanna, 9 ans

Je fais semblant de ne pas entendre

Quand mes parents hurlent mon prénom très très fort, c'est souvent pour me gronder. Alors je fais semblant que je les entends pas ce qui les rend très énervés. Au bout de 10 minutes, ma mère engueule mon père de hurler si fort et du coup... ils m'oublient et se disputent entre eux !

Augustin, 5 ans

J'envoie toujours mon petit frère en éclaireur

Quand je n'ose pas demander un truc à mes parents, comme regarder la télé, prendre un bonbon, je demande à mon petit frère de 3 ans d'y aller lui et de demander. Comme il est mignon et petit, ça marche !

Noam, 7 ans

Je fais semblant de croire à la petite souris pour les cadeaux

« *Que les choses soient claires : j'ai toujours su que la petite souris n'existait pas. Genre une souris, cet animal bien dégueulasse, va venir chez ma mère, la Reine de la propreté, sans qu'elle hurle ? Genre la souris elle va passer à la banque pour prendre des pièces ? Genre la petite souris elle va monter dans mon lit superposé avec ses petites pattes ? Non, mais, on nous prend vraiment pour des idiots nous, les enfants ? Le seul truc, c'est que je fais semblant d'y croire d'abord parce que ça fait trop plaisir à ma mère et puis surtout parce que je veux ma pièce ! Et je sais que si j'avoue que je n'y crois pas, je n'aurais pas droit à ma pièce !* »

Valentine, 6 ans ½

Je donne les haricots au chien

Je n'aime pas les haricots verts. Ni les épinards, ni les courgettes ni rien qui serait un légume vert. Un jour, j'ai découvert une technique : je fais semblant de les manger, je m'essuie avec ma serviette et je les recrache dedans, puis je donne tout au chien sous la table. Je sais pas pourquoi, mais lui, il adore les haricots... Du coup ma mère est fière de moi.

Margot, 7 ans

Je me lave les dents un soir sur deux

J'aime pas me laver les dents et ma mère insiste pour que je me les brosse chaque matin ET chaque soir. Elle est dingue, quoi ! Du coup, j'allume ma brosse à dents électrique et je lui fais croire que je me les lave. Si j'ai des caries, c'est MON problème.

Carla, 8 ans

Mon excuse pour ne pas mettre la table

La meilleure excuse pour ne pas mettre la table ou rendre un service pas drôle ? Je dis que je finis mes devoirs alors que, bien évidemment, c'est pas vrai.

Léo, 9 ans

Je fais semblant de ne pas comprendre l'anglais pour les espionner

Depuis le CP on fait de l'anglais à l'école, mais je crois que mes parents l'ont oublié. Souvent ils parlent en anglais pour pas que je comprenne la conversation. Sauf que vu leur niveau d'anglais, je comprends tout. Je connais plein de secrets du coup.

Matthieu, 10 ans

Je fais semblant de perdre mes élastiques

J'ai les cheveux longs et maman me coiffe avec des tonnes d'élastiques. Comme à l'école, on se les échange avec mes copines, je fais croire à maman que je les perds. Et elle m'en rachète. Je suis trop trop maligne moi.

Lucie, 4 ans

J'ai fait semblant d'avoir fait pipi au lit

Une fois j'ai pris mon verre d'eau qui était posé sur ma table de nuit et je l'ai renversé dans mon lit. Exprès. Juste pour réveiller mes parents dans la nuit pour les embêter parce qu'ils m'avaient privé de télé.

Arthur, 5 ans ½

Je dis que le chien a mangé le gâteau

Pour l'anniversaire de Papa, Maman avait fait un gâteau au chocolat. Quand je l'ai vu, j'ai été obligé de le goûter. C'est ma bouche qui m'a commandée. Alors quand Maman a vu qu'il en manquait et qu'elle a eu l'air très fâchée, j'ai dit que j'avais vu le chien se lever sur ses pattes arrière et le croquer.

Anaïs, 4 ans

Je dis à Maman que Papa a dit oui

Quand je veux regarder la télévision, je demande à mon père et il me dit de voir ça avec ma mère. Quand je demande à ma mère, elle me dit de voir ça avec mon père. Du coup je fais toujours croire à l'un que l'autre a dit oui. Et en fait je ne demande l'autorisation à personne.

Bastien, 7 ans

Je fais semblant d'adorer le violon pour voir mon amoureuse

Mes parents m'ont mis au violon et je déteste ça. En plus je suis nul ! Mais je leur fais croire que j'adore, juste pour voir la fille que j'aime et qui est dans mon cours.

Florent, 10 ans

Je fais exprès de perdre mon doudou pour rendre ma mère hystérique

Je crois que ça angoisse plus ma mère que moi ce doudou. Quand elle ne le trouve pas elle devient folle et ça me fait rire. Souvent, je le cache exprès pour la voir s'énerver, pleurer et dire « mais comment on va faire ». Je crois qu'en fait, c'est elle qui peut pas vivre sans !

Matthias, 2 ans ½

Je fais semblant de ne pas savoir tenir mon biberon tout seul

J'ai 20 mois et ma mère est obligée de me donner le biberon comme quand j'avais 4 mois parce que je refuse de le tenir tout seul. Évidemment que je sais le faire, mais être dans les bras de ma maman, c'est tellement mieux.

Lili, 20 mois

Je ne dis jamais le mot magique

Il faut pas me pendre pour un idiot avec ce truc de mot magique. Je fais exprès de ne pas dire « merci » pour entendre ma mère me demander, l'air idiot, « et le mot magique ? ». Et moi je réponds toujours « Abracadabra ». C'est pas ça le mot magique ?

Timothée, 6 ans

LES MEILLEURS BILLETS DE SERIAL MOTHER À LIRE ET À RELIRE !

Recevez immédiatement par mail les billets les plus drôlissimes (et inavouables !) de Serial Mother, à découvrir ou à redécouvrir !

Rendez-vous sur la page :

http://blog.editionsleduc.com/serial-mother.html

ou scannez ce code :

Achevé d'imprimer sur les presses de Novoprint
Dépôt légal : mars 2015
Imprimé en Espagne